ちいさなくらしのたねレシピ

早川ユミ

自然食通信社

まえがき

ちいさな種まき、ちいさな自給自足

土がある。
種がある。

畑がある。
田んぼがある。

土をさわると、手がよろこぶ。
土にふれると、土とひとつになる。

からだは、土のうえで踊りたくなる。
手はしなやかな草をぎゅっとつかむ。

ちいさな手の感覚は、まるで、
くにごとひとつかみするような。
リズムをきざんで、のこぎり鎌で刈ると、
からだのうちがわから、やってくるリズムが
わたしをうごかしていることに気づく。
土がわたしのこころからわきでる感情をうみだし、
土から生まれたことばを描きはじめる。

土と種、ことばをすくうように、
糸のように紡ぎ、文章を編むというしごと。
こうして紡がれた草むらの糸たち。
畑や田んぼをつくるための
種レシピという布が生まれた。

旅すると自炊のためにブロッコリーをみつけて、よくたべます。ふとしたときに、そのブロッコリーの味のちがいをおもいました。ニューヨークでたべたブロッコリー。かたちはりっぱに大きく育っていました。けれども味がなかった。なにをたべているんだろうというほど。

ラオスのパクセでたべたブロッコリーはちいさくて、うちでとれるのとほぼおなじ味でした。葉っぱは虫食いでしたが甘くてほっこりして滋味深く、からだに染み入る栄養を感じるのです。

このちがいは、なんだろう。まったく別もの。ブロッコリーを畑で育てているので、味に敏感です。ちがいは、土と育て方。化学肥料や農薬を使わずに育てると、ちいさくても、しまっていて、甘くて味わい深いブロッコリーになります。あきらかに、からだに入る気、エネルギーがちがいます。

畑や田んぼをはじめてから、こういう野菜やお米の味やエネルギーのちがいに気づくようになりました。

もうひとつ、おおきな変化は、畑を耕さずにつくるようになったことです。耕さないウネにこぼれた種が育っているのをみて、気がついたのです。耕すと、底にある粘土質の土が上になって、表土が野菜の育ちにくい固い土になってしまうのです。

それで2年まえから、耕さないで種まきをはじめてみました。ちょうど『キス・ザ・グラウンド』という映画を観てはっきりとわかりました。耕さないと土が地下水やCO2を保つこと。畑や田んぼに草をはやすことが、野菜の味ばかりでなく、地球の環境にもとっても良いってことを。

2011年の3・11と2020年からのコロナ禍をへて、もうひとつの生き方を探し、くらしを変えて、いきいきと種まきする人たちがふえています。種屋さんでは、在来種・固定種の種が売り切れています。

女たちはコロナのあいだ家庭にいて、いち早く気がついたのかもしれない。この世はお金じゃない。いのちがいちばんだいじ。そういう本能的な危機感から、たべものをつくろうと種まきするひとが増えたのでしょう。

種をまき、たべものをつくると畑や田んぼの存在が、わたしも自然のいちぶだと気づかせてくれます。自然とむかいあうことがわたしの感覚を成長させてくれます。ちいさなわたしの存在にも気づきます。カエルやカヤネズミの巣や赤トンボ。自然とともに田んぼや畑でたべものをつくるくらしは、お金を得る自立とは、別の自立です。

たべものを得る自立は、自然とのしごとです。自然とむかいあうことで祈ります。そういう積み重ねが、想像力をゆたかにして、ものごとを直感するちからを育てます。

いっぽうで世界じゅうが、コロナ危機から深刻な経済不況におちいっているようにみえます。ますます、いのちと経済は、はなればなれになっていくようです。経済とはわたしたち、ひとりひとりが助け合って、ともに生存するための手段なのに。そんなときに思い出すのは、村に住んでた豊太郎さんの「土さえあれば、なんとかなる」ということば。こころに深くひびきます。

もし、たべものが海外からこなくなったらどうなるのでしょう。わたしたちが生きのびるためには、まずたべものがひつようです。これから社会や経済がゆきづまり、たいへんな時代になるかもしれない。でも種と土があれば安心です。

コロナ禍は、グローバリズムがゆきづまりをみせてくれました。ウクライナの戦争でロシアから化学肥料が入ってこなくなって、たべものがなくなる。そんな不安があって食糧難ということばが、とびかいます。国や政府は助けてくれるのでしょうか。

わたしたちは、農薬や化学肥料をつかわない自然な農のあるくらしへとシフトするだけです。お金だけでは、ゆたかになれないってわかったのです。お金でたべものを買うくらしから、たべものをつくる、ちいさな自給自足をはじめましょう。

ちいさな自給自足のくらしは、わたしたち民のもの。くらしを変えることで、未来は変わるのです。

つちから生まれる

わたしたちは、だれしもみんな
なにかしら、つくっている
それは、くらしだったり
家庭という場だったり
たべものだったり
ものだったり

人間のいとなむくらしってなんだろう
買うくらし？
つくるくらし？

家庭は消費するところ
たべもの、ふく、おうち、くるま
わたしたちは、まいにち買う
買うくらしを紡いでる
買うためには、お金がひつよう
お金のためにはたらく

むかし、むかしは、ちいさな畑から野菜を摘んで
まいにちのごはんをつくりました

ちいさな畑を耕し、たねまきをする
畑しごとや、つくるくらしは、すこやか
人間の生命活動そのもの
それだけで、じゅうぶん、満たされる
それだけで、すでに、生きていること
こころも、からだも幸福になる

シンプルなくらし
ちいさな畑にたねをまこう
ちいさなものつくりをしよう

家庭はつくるところ
ほんとうは家庭のなかで
だれしもが、なにかしらつくっているのです
まいにちのごはん
まいにちのふく
まいにちのねどこ
まいにちのおふろ
くらしのばしょを、だれしもがつくっている

もっと人間中心のくらしをしよう
すると家庭のいとなみの根っこがみつかる
家庭は子どもをつくり育てるところ
人間をつくるばしょ
人間中心のばしょ
ひとのくらしの根源
くらすことは、つくること

目次

第3章 台所でつくる

第4章 くらしのたねつくり

第1章 ちいさな畑をつくる

みどりのゆびで
たねをまこう
ちいさな畑をつくろう

たねをまこう

ちいさな畑にたねをまこう。

「土さえあれば、だいじょうぶ」ネコのひたいほどのちいさな畑でもあると、うれしい気もちをつくることができます。ちいさな、みずみずしい野菜を摘んで、台所でごはんをつくることができるのは、たのしいことです。

畑さえあれば、冷蔵庫がからっぽでも、だいじょうぶです。畑にいけば、なにかしらたべものがあるというのは、おおきな安心になります。畑にしゃがんでルッコラやコリアンダー、リーフレタスの葉を摘み、すぐサラダがたべられます。

畑は、わたしのいのちのもととなるたべものを生みだすところです。畑は、生きることの根っことなるところ。畑は、わたしのからだをつくる台所につながっています。

畑しごとは、わたしの生命活動そのものです。ちいさな畑を耕して、たねをまき、わさわさ茂る畑を夢みるのです。たねまきすると、もうそれだけで、じゅうぶん、こころが満たされるのです。それは畑しごとが人間の生命活動の根源だからです。

たねって、いろいろなかたちをしています。丸いたねや三角のたね、三日月のたね。ひと粒のたねを土にまきます。なんのたねだかわからなくても、かならず、芽をだし、ふたばになり、ぐんぐん成長すると、ナスになったり、トマトになったり。

たねってちいさいのに、すばらしいちからをもっています。たねは、じぶんがいつ芽をだすべきか、知っているのです。土のなかのどんな水をとりこむか、どのように太陽や月や星たちからの光をとりこむべきかを、ちいさなたねは、みんな知っているのです。

たねは、すごい量の宇宙からの情報をもち、また土の記憶をつぎの世代のたねにつたえるのです。たねは土を記憶し、気候や風といったいになります。たねまきすると、人間もまた、たねとおなじように、子どもを産み、つぎの世代につたえながら生きることを知るのです。

材料とつくり方

・在来種の種
・種まき土
・ジョーロ

①土をやわらかく耕し、畑にうねをつくり種まき土をうすくまきます。
②すじまきか、指で穴をあけて種まきします。葉もの野菜や大根、にんじん、ごぼう、かぶ、落花生は畑に直まきします。

春まき……きゅうり、かぼちゃ、小松菜、オクラ、バジル、パクチーなど
夏まき……レタス、ルッコラ、落花生、大豆など
秋まき……にんにく、大根、白菜、そら豆など
冬まき……えんどう豆、春菊、ほうれん草など

落花生のたねは、落花生そのものだってことにおどろきながら、たねまきします。

赤い山土のところは、土をやわらかく耕して、土をよくするクローバーのたねをまきます。

苗をつくる

はるなつあき、わたしはじぶんで、たねまきして、苗をつくります。

たねをちいさなポットにまくのは、畑に直まきするよりみまもりやすいから。まいにち台所のちかくにおいて水やりします。こうしてつくると苗を買うより安くできるし、安心です。

苗つくりは、子育てのようなものです。キジやカラスや山バト、メジロやヒヨドリなど野鳥たちにたべられないように、たいせつに守ってやります。寒くないか、暑すぎないか、水がほしいのか、たねをやさしく、まるで子どもを育てるようにみまもります。

たねをポットで育てることは、赤ちゃんを小学生くらいの子どもにまで育ててから、畑におろしてあげることです。豆は、新月のころにたねまきすると、満月にむかってものすごいいきおいで、ぐんぐんと成長します。

じぶんで育てた苗を畑におろし、つくった野菜の味は、生命エネルギーがいっぱいあって、とくべつなおいしさです。野菜そのものの味わいで、じゅうぶん満足するのです。

だれでも、うまく育てるためには、ちょっとした秘訣があります。

畑の師匠のやえちゃんは「あまやかしちゃいかん」といいます。水やりしないと、枯れてしまう。けれどだいじなことは、ときどき葉っぱにふれてやること、はなしかけることだといいます。これが秘訣です。植物は、じっとしているけれど、さわさわと、ふれてやったり、はなしかけてやることでなにかしら、エネルギーをえていると、やえちゃんは、いうのです。

たねから芽がでると、わたしは、じぶんじしんから自由になるような気もちがします。ちいさな植物の世界へみちびかれます。ちいさな植物たちの、ちいさなものつくりを、ちいさな人になって、みつめているかのようです。

たねは、あるがままに、ずんずんとおおきくなるのです。わたしは、じぶんのちいさなものつくりで、羽根をえたように自由になり、夢をみるようなこころもちで苗をみつめます。

材料とつくり方

・在来種の種
・種まき土
・ポット
・ジョーロ

①ポットに土をふかふかに入れます。
②ポットに指で穴をあけ種まきをします。
③苗が大きくなったら、畑にうねをつくり、植えかえます。
④土が乾かないように、毎日水やりをします。

春まき……トマト、ピーマン、ナスなど
夏まき……ブロッコリー、キャベツ、カリフラワーなど
秋まき……えんどう豆、そら豆

紙ポットにブロッコリーのたねをまきます。

畑に豆をまくと、キジや山バトにたべられてしまうので、ポットにまきます。

サラダの葉っぱを育てる

サラダの葉っぱを育てましょう。

わたしたち人間は、生の葉っぱをたべるひつようが、あるんじゃないかと直感したのです。しらべたらやっぱり、葉っぱなど野菜にある酵素は加熱でなくなるそうです。だから酵素は、野菜やくだものから、生でたべるものから、からだにとりいれるひつようがあるのです。

酵素は、細胞のおくそこのミトコンドリアにはたらきかけます。ミトコンドリアはわたしたちのエネルギー、元気のおおもとです。ミトコンドリアを活性化させるためには、からだのなかの酵素をふやすことがたいせつです。

まいにちわたしは畑にしゃがんで、生のみどりの葉っぱをたっぷり摘みます。じぶんから、そうするのがたのしいのは、からだがたべたがっているのだとわかります。

サラダの葉っぱのなかでも、とくに大好きなルッコラ二種類をたくさんつくります。コルティヴァータという栽培種の丸みのある葉っぱのルッコラ、とんがった葉っぱのワイルドルッコラをとなりどうしのうねに。花になったルッコラもじつにかわいくて、かれんです。

けれども、市販の葉っぱものは生食はからだにあまりよくないといわれています。なぜなら農薬や化学肥料の硝酸窒素がふくまれている心配があるから。その点、家庭の畑の野菜は、化学肥料も農薬もつかわないので安心してたべられます。

ワイルドな生食をもとめて、いろんな葉っぱを生食してみました。ルッコラがはいるとごまのような奥深い味わいになります。冬には春菊やほうれん草もサラダにしてたべます。あたたかくなったら、セロリやパセリやバジルやコリアンダーも植えてサラダの葉っぱといっしょに摘みとります。すこしハーブの葉っぱがはいっていると、よい香りにうっとり。摘みとったら、水にひたして、やさしく洗います。おおきめのふきんにすっぽりつつみ、かるく、だけど、しっかりと水気をきります。サラダの葉っぱは、包丁をつかわず、手でちぎります。塩やオリーブ油をかけて手でくるくるとまぜて、おいしいサラダのできあがり！

材料とつくり方

・レタス、ルッコラ、ミックスリーフの種
・種まき土
・肥料
・くわ
・スコップ

①肥料を入れ、畑を耕し、うねをつくります。
②小さい種なので、種まき土をうすくまきます。ふかふかな土に、種をばらまきします。水をやり数日たつと芽が出てきます。
③10日間ほどでたべられるくらいまで育ちます。根っこごと抜かず葉っぱだけを摘みとります。

わさわさルッコラの畑。大好きな水やり。

畑にしゃがんで、
葉っぱを摘むと手がよろこぶのです。

からだがもとめる葉っぱサラダ。塩とオリーブオイルだけで、おいしい。

豆を育てる

豆が大好きです。

小豆、いんげん豆、えんどう豆、そら豆、大豆、落花生。つくりやすくて、実のなっているようすが、どの豆もじつにかわいい。豆を育てると土のなかの根粒菌《こんりゅうきん》がふえて、土もよくなります。それに少ない肥料でだれにでも育てやすいのが豆です。

そら豆は、ふかふかのおふとんのようなさやにくるまれています。落花生は、ひもがするするとのびて、根っこにできるので収穫がたのしみな豆です。

そら豆やいんげん豆や枝豆は、葉っぱのカゲにかくれているので、じっと目をこらしてみつめているうちに、発見できるようになります。畑から台所へ、みずみずしい、もぎたての豆をすぐゆでてたべるのが、だいじです。いんげんも、ほくほくして甘くておいしいです。

台湾の雲南料理のお店でたべたのは、スナップエンドウの豆だけとりだした、目にあざやかなグリーンの豆のスープ。ぷちぷち食感が、さわやかで、とてもおいしくて、忘れられない味です。このスープをつくろうとスナップエンドウを二袋もまいてしまいました。

秋も深まるころ谷相の村の家々をたずねると、収穫したばかりの豆がぽろぽろと玄関にこぼれているので、にんまりしてしまいます。

なかでもこの村につたわる在来種の豆があります。その豆は茶豆といういんげん豆の種類です。さやのなかでは、ショッキングピンクの豆。花が咲いてから二ヶ月くらいで収穫します。さやが乾燥するとえんじ色になります。煮てたべるときに、はじめて茶色になるので、茶豆とよばれて村びとに愛されています。

戦争中のたべもののないときに、たくさん採れたといいます。村びとに「茶豆を育てているなんて、えらいねえ」とほめられます。茶豆を植えるのは七月十五日と決まっています。

材料とつくり方

・豆の種
・種まき土
・ポット
・竹の棒
・ネット

①ポットに種まき土を入れ、3～4ヶ所、指で穴をつくり、種をまきます。直まきでもつくれるけど、ここでは鳥がたべにくるのでポットでつくります。
②畑を耕し、うねをつくります。肥料を入れ、つるありの豆は、竹の支柱を立てて、ネットをはり、ネットの下に株間20cmで、豆の苗を植えます。ネットにつるをはわせます。
③大豆などは6月にポットに種まきし、株間20cmで、うねに植えます。在来種、固定種の茶豆（つるあり豆）は7月中旬に竹の棒で支柱を立て、ネットをはります。

落花生をゆがいてたべると、おいしい。そのためにたくさんつくっています。

谷相につたわる在来種の茶豆。たいせつに保存してたべます。つぎの年には畑にまきます。

ブロッコリーを育てる

秋になるとブロッコリーとカリフラワーの苗をたくさん植えます。

夏のおわりに、ブロッコリーとカリフラワーのたねを一袋ずつぜんぶまいてみました。するとカリフラワーは苗がちいさくて、おおきくなりませんでした。ブロッコリーはほとんど発芽しました。十五㎝くらいになった苗を秋にうねに植えると、冬にはスーダラ農場いちめんがブロッコリー畑になりました。

それからは、まいにちブロッコリーを収穫してたべました。ためしに、おいしいマヨネーズを手づくりしてみました。バーミックスをつかうと卵となたね油とからしと塩と酢で上手にできました。一月くらいから、おおきなブロッコリーを収穫しはじめました。つぎつぎでてくるわき芽を収穫して、とうとう春先まで、まいにち、まいにちたべました。

朝ごはんに、昼ごはんに、夕ごはんにとかならず常食しなくては、あまるほどの収穫だったのです。すると、おどろきました。つれあいのテッペイの花粉症がその春はとても、かるくなったのです！　いままで、いろいろためしてみても、ぜんぜん効果が、なかったのに。

それはそれは、長い道のりでした。二十八歳で結婚し、三十年間、玄米菜食やヨーグルト療法、塩水の鼻洗い、オナモミ茶、ドクダミ茶、冷えとり健康法など、花粉症に苦しんで夜も眠れない症状を改善するために、よいということは、あらゆることをためしてきました。

しらべてみると、ブロッコリーには「スルフォラファン」という成分がふくまれていて、抗酸化酵素の生成をうながし、花粉症などアレルギー症状を抑制する効果が期待できるそう。

またブロッコリーのスプラウト（もやし）には、ブロッコリーの七倍ものスルフォラファンがふくまれていて、がんの予防や肝機能の向上にも役だつといいます。

ことしは、ブロッコリーのスプラウトもためしてみて、つれあいの花粉症のようすを観察してみようとおもいます。からだはたべものでできていることを、まさに実感しました。

畑につながる台所は、からだのお直しまでできるとおもうと、やりがいがあり、わくわくします。つれあいのからだで、これからもブロッコリー療法の効きめを、きわめてみます。

材料とつくり方

- ・ブロッコリーの種
- ・種まき土
- ・ポット
- ・肥料（油かす）

①8月から10月の間に種まきをします。
②ポットに種まき土を入れ、2、3ヶ所、指で穴をあけて種をまきます。
③苗が15㎝くらいに大きくなったら、うねを立てて畑に植えかえます。小さいスコップで穴を掘り、底にひとつかみ、肥料を入れて土をかけ、その上に株間30～40㎝で苗を植えます。

自家製豆腐マヨネーズをそえて。

里いもを育てる

縄文人もたべていた里いも。

縄文人が栗やどんぐりとともに焼き畑で栽培してきた、日本人のたべもののルーツが里いもです。とくに土のちから、土の味を感じさせてくれます。

里いもは、土のなかで育ち、ひとつのたねいもから十五個くらいの子いもができます。この子いも、たねいもを継いでいくことが、縄文からつづくことです。この土地を記憶し、この谷相の場のちからをも継いでゆくことになるのです。

お月見は、きぬかつぎとすすきをお供《そな》えする、素朴な行事。それは月を信仰していた縄文時代からつづく、古代の風習です。このようにわが家につたわるお祭りが縄文に由来しているとは、神秘的な縄文人のこころとつながり、うれしくなります。

縄文時代にこの里いもをまつっていたのはおそらく女性ではないかとおもいます。月とつながる女性のからだ、そして親いもからたくさんつくられる子いものそのようすから多産のねがいをこめてお供えし、お祈りしたのでしょう。

わたしの大好きな里いもは、きっと猪や鹿も大好きです。畑の半分もの里いもをたべられてしまい、かなしい想いをしたことも。災害など、どんなことがおきても土のなかに里いもがあるということは、おおきな、おおきな安心です。里いもは土のなかで生きつづけているので、自然の貯蔵庫にもなります。素朴な味でそれだけで、じゅうぶん感動的なうまさをもっている里いも。里いもは存在としても、カンペキで完全なたべものなのです。

材料とつくり方

・里いもの種芋
（芽がでているもの）
・くわ
・スコップ
・肥料

①4月に畑を耕し、うねをつくります。うねの上ではなく、うねとうねの間の溝に種芋を植えます。（土寄せするのが楽になります―やえちゃんの知恵）
②ひとにぎりの肥料を入れ、その上に土をかけ種芋を植え、さらに土をかぶせます。株間は40㎝くらいあけましょう。
③8月の一番暑い時期に、里いものぐるりを草刈りします。刈った草を根もとにかけて、うねの土をその上にかけて土寄せします。この土寄せを2回くらいやります。この土寄せのために①でうねとうねの間に里いもを植えます。
④11月の収穫の前に、9月の中秋の名月の頃一度、収穫し、すすきと一緒にお供えします（お月見と言えば団子というのがイメージとしてありますが、古代は、お団子でなく、この里いもをお供えしていました）。この頃から徐々に掘り上げ、たべていきます。11月ごろ、葉が黄色くなり、枯れはじめたら収穫します。次の種芋のために残りは掘らずにそのままおいておきます。

野菜のしっぽでつくるたい肥

野菜のしっぽを土に還したい。

大根やにんじんのへたやしっぽを、琺瑯《ほうろう》のいれものにいれてあつめておきます。土のなかに野菜くずを埋めるだけで、また土に還ります。

幼いころ都会にくらす祖父がちいさな畑で生ゴミ（ゴミではないのに）を土に還していた習慣が忘れられません。ときおり、その光景がおもいだされるのです。わたしもふくめて、ひとは、みな土に還りたがっているのではないかとおもうのです。

かつて土の存在は、おおきなよりどころだったはずです。たべものを生みだす土。人間が還るところの土。土に還るという、よりどころからは、現代の社会では、遠いところにあるのかもしれません。生ゴミをゴミの日にだすのではなく、土に還したいのです。

わたしが高知の山でくらすわけは、そんなちいさなことのなかにあるのです。たったひとつの野菜のしっぽをゴミにだすことが、気もちよくないのです。そんなこだわりが、生きるための、おおきな根っこにつながるということを、みつけたからかもしれません。

台所につながる畑に木でつくったおおきな箱をおいています。箱の底はなくて土です。台所からでた野菜のしっぽをまず、ちいさな琺瑯のいれものにあつめます。つぎに台所のそとの縁側においてある、おおきな琺瑯のバケツにあつめます。バケツがいっぱいになったら、このラブミー農場の木の箱のたい肥ボックスに運びます。ときどき土をいれたり、草刈りしたら草や落ち葉やぬかや木っぱをいれます。一年くらいたったら、上下をきりかえします。ほかほかのたい肥ができあがります。

それを畑のうねとうねのあいだにいれます。畑の野菜を育てる栄養になり、またわたしたちの、からだに還ってくるのです。ものごとは、なんでも、やがてじぶんに還ってきます。わたしたちは、土とはなれて生きてゆけない。土に還る循環のなかに生きるものなのです。自然の循環の輪のなかで、土に還るくらしは、気もちよいということに気がついたんです。

材料とつくり方

- 琺瑯の小さい容器
- 大きいバケツ
- 畑においてある木の箱
- 落ち葉、草、土、もみがら、木くず

①料理でつかった野菜のしっぽやお茶がらを琺瑯の容器に入れます。
②こんどは、大きいバケツにためておきます。
③大きいバケツいっぱいになったら、畑にあるたい肥ボックスへ入れてときどき、草や落ち葉、土、もみがら、木くずを入れてかき混ぜます。
④たい肥ボックスがいっぱいになったら土を入れ、1年寝かせ肥料に使います。

この琺瑯のいれものに
野菜のへたやしっぽや皮を
あつめます。

デッキにおいてある
バケツにあつめ、
台所につながる
畑のたい肥ボックスへ。

にんにくの自給自足

わたしの健康のもとのにんにくやしょうが。

自給自足できれば、なんてすてきだろうとおもいます。おまけににんにくやしょうがを無農薬で有機肥料でつくれたら、たっぷり安心してつかえます。そうおもうとわくわくします。

台所でなくなると困るものが、にんにくとしょうがとネギです。すでにネギは、いつでも畑にあるようになりました。つれあいのテッペイに、畑をやっているのに、ネギもないの？といわれないように。もうネギは、安心なほどたくさん植えているのでだいじょうぶです。

にんにくは、スーダラ農場の長い三うねに植えました。このあたりでつくっているちいさな赤玉という皮の赤いにんにくは、熱帯アジアの品種です。それにくわえて土佐にんにくという在来種の品種、ちょっと寒いところでつくられるおおきな福地ホワイトを植えました。

ひと玉六個から八個の玉をほぐしたものが、にんにくのたねになります。そのたねが、ひとつの玉になるのですから、たいへんお得な気もちになるのです。畑に一年分のにんにくがあるとおもうだけで、気もちがおちつくのが、にんにくの自給自足です。

高知では、葉にんにくという、ネギに似たものが、十二月ごろから八百屋さんにでまわります。お正月には、この世でいちばんでっかいものを、たべるのが高知の人びとのならわしだとききました。それで、くじらや牛のすき焼きをたべるんだそうです。そのすき焼きに欠かせないのが、葉にんにくです。葉にんにくは、赤玉にんにくの葉っぱと決まっています。

ネパールへの旅で子どもたちとたべた水牛の肉のすき焼きにも葉にんにくがはいっていました。高知は南国だから、アジアとつながっていて、おなじ野菜をたべるのだとおもいます。

材料とつくり方

・にんにくの種
・肥料、灰
・くわ
・スコップ

①9月に、畑を耕し、肥料と灰を入れて、うねをつくり、しばらくおきます。
②株間15cm間隔ににんにくの種を植えて土を3～5cmかけます。
③芽がのび大きくなったら、11月と翌年2月に肥料をやり、草とりをします。
④収穫は5月頃。とうが立ったら実が大きくならないので、とうを摘んでしまいます。全体が枯れた感じになったら収穫します。
⑤収穫したにんにくは、畑でひげ根を取り、半日、天日干しします。

[にんにくの保存]

①半日くらい干し6本まとめて三つ編みにして、のきしたや部屋の中で吊るして乾燥させます。皮をむいてスライスしオリーブ油に漬ける。1ヶ月くらいもつ。油であげて、にんにくオイルとして使う。9月以降は皮をむいて冷凍保存します。

9月にはにんにくのたねをまきます。

にんにくのオリーブオイル漬け、しょうゆ漬け、にんにくのオイル。

たねとつながる月

わたしが月とともにくらすことをはじめたのは、月の暦と出会ったからです。

昔からつかわれてきた旧暦、月の暦。そのカレンダーでくらしはじめるようになりました。

谷相では、いまもなお祀《まつ》りごとを決めるとき、たねまきするとき、月の暦をたしかめます。

地球のまわりを、ぐるぐるまわっている月。この月の引力が、海の潮の満ち引きをおこします。月が満ちたり、欠けたりすることで、植物やひとはなにかしら影響をうけているのです。

満月には、月の引力で地球の表面に水分があがってきます。だから、満月にたねまきすると、よく育つといいます。植物は、たねのなかに月の情報をもち、月の満ち欠け、月の光の影響をうけて、発芽するときをまっているのです。

ここ谷相では「満月に大根を収穫するとスがはいるよ。だから新月に収穫するんだよ」といいつたえられています。昔のひとは月をみて、その月の満ち欠けとともに農業をいとなんできました。たねが、月とつながっていると知ったのは、『アナスタシア』（ウラジーミル・メグレ著・ナチュラルスピリット）という本に出会ったからです。

アナスタシアという主人公は、たねは月の光の影響をうけとめているというのです。月とたねがつながっているなんて、ふしぎだし、おどろきました。

おまけに植物が育っていくあいだ、たねをまいたひととのコミュニケーションがひつようだから、満月の夜、その植物に近づいて、ふれてあげることがたいせつといいます。

女のひとのからだの子宮も月のリズムと呼応しています。大昔、女のひとは、みな満月か新月に生理になったといいます。植物に新月にまくたねと満月にまくたねがあります。おなじように、ひとにも新月か満月に排卵があるのです。

また満月には、エネルギーに満ちるときだから出産がふえ、新月には浄化するときだから、あたらしいことをはじめたり、そうじがしたくなったりします。月のリズムは、たねにも、わたしたちのこころにも、影響をおよぼしているのです。

---

①たねまきは、根菜は満月のころにしましょう。
豆、葉もの、果実は新月のころにしましょう。
②収穫は、満月のころには、葉もの、レタス、小松菜、ほうれん草を収穫します。
新月のころには、根菜、保存穀物、じゃがいも、里いもを収穫します。
③草刈りは、満月の前後にしましょう。
④たね採りは新月にしましょう。

参照：「わ暦」（わこよみ出版）wakoyomi.moon@gmail.com

満月の日の夜は、とくべつにあかるいので、月の光を浴びながら、さんぽをします。

しょうがの自給自足

しょうがは、さいしょの何年かは、うまくできませんでした。

しょうがの植え方の本をみて、ちいさくポキポキ折って植えていたら、いつのまにかすっかりなくなってしまうのです。

そうしたら、しょうが屋さんではたらいた息子の象平がしょうがの植え方をわたしにおしえてくれました。連作障害がでやすいのと、あまりちいさく折ると、そこから菌がはいって、腐ってしまうというのです。いまではたねしょうがは、折らずに丸のまま植えます。

そうすると、おなじくらいか、それ以上のおおきなしょうがが、たっぷりと収穫できるようになりました。しょうがは、有機質がゆたかな、保湿性にすぐれた土が好きなのです。乾燥するのが嫌いなので、わらやもみがらを根もとにかけてやりましょう。

この谷相の山の土はしょうがと相性がよくて、黄金しょうがといわれる、黄色くからみの強いしょうがができるようになりました。しょうがは、里いものコンパニオンプランツで近くに植えるのがいいそうです。里いもがおおきく育ち、日陰になるのがいいのだそうです。

しょうがは熱帯アジア原産だから、たねしょうがの保存がむつかしく、これもまた失敗つづきでした。冬にしょうがを保存するために、しょうが農家ではムロや横穴や土のなかに保存します。わたしは発泡スチロールにもみをいれて、土つきのまま新聞紙をぬらして保存します。けれども温度管理には苦労します。わたしの寝るおへやで、厚手の毛布でおおい、温度計をおき、インドのカンタを二重にかけてくるみます。このしょうがの箱タワーを愛情をかけて、たいせつに、みまもります。無農薬、有機肥料で育てたしょうがを、春また土に植えるまで、まるでじぶんのからだがしょうがになったかのように、あたためてあげます。

材料とつくり方

・種しょうが
・もみがら
・肥料、灰
・くわ
・スコップ

①4月に畑を耕し、肥料と灰を入れて、うねをつくり、しばらくおきます。
②手のひらのように、種しょうがの芽を上にむけて株間20㎝で植えます。もみがらを土がかくれるくらいたっぷりとしきます。
③芽がのび、大きくなるころ、草を刈り、肥料をまきます。

[しょうがの保存方法]

①11月に収穫をします。新しょうがと来年に植える大きな種しょうがに、わけます。新しょうがは、できるだけ早くに使い切ります。
②種しょうがは、土のついたまま、ぬれた新聞紙につつんで、もみがらを入れた発泡スチロールの箱に入れて室内で保存します。13℃くらいの温度を保つようにします。

木を植えると、うれしい
実のなる、おおきな木になるまで
木とわたしの時間がひとつになる

第2章 ちいさな果樹園をつくる

果樹を植えましょう

春がくるまえに、いっぽんの果樹の苗を素手で植えましょう。

一mくらい丸くぐるりを掘って、すこしの油かすを根もとにいれて土をかぶせてから植えます。そして、葉っぱをさらさらとなでたり、やさしくふれたりします。

それからたっぷりの水をバケツにいれてぐるりにかけてあげます。こうして植えた果樹は、梅、栗、柿、びわ、あんず、すもも、桃、ソルダム、りんご、みかん、小夏、文旦《ぶんたん》、河内晩《かわちばん》柑《かん》(みしょうかん)、きんかん、ぶしゅかん、すだち、いちじく、ペカンナッツ、くるみ、レモン、ブルーベリー、ブラックベリー、ラズベリー、さくらんぼ。

木を植えると、うれしいのは、そうやって苗木とわたしの時間が、いつしかひとつになるからです。細くて幼い子のようにお世話します。まるでかつてわたしが幼いときに、わたしのからだに母が水をかけてくれたように、水やりをします。

春がくるとちいさな芽をだして、やがてちいさなみどりのやわらかな若い葉っぱをつけはじめます。まき窯《がま》やお風呂や薪《まき》ストーブの灰を、ぱらぱらと根もとにまきます。

夏のまえ梅雨どきには、苗が水没しないよう、ぐるりにみぞを掘ります。苗のちいさなうちは、カヤにまけてしまうので、下草を刈ります。そして苗とカヤをいっしょに、草刈り機で刈ってしまわないように、赤いひもをつけてみんなに知らせておきます。

実のなる果樹は、実がなるおおきな木になることを夢みるから、その時間がまちどおしい。いまでは、息子たちのように、みあげるほどおおきくなりました。こんどは実を採るために、木登りするのがたのしい。狩猟採集生活の野生の感覚がうずうずします。棚田のちいさな果樹園にいって、木からもいでたべるたのしみ。木という植物は、しずかで平和なひとびとです。あらぶる植物をみたことがありません。そして人間のこういうお世話にかならずこたえてくれ、わたしをよろこばせ、しあわせにしてくれるのです。

材料と育て方

・果樹の苗
・大きなスコップ
・肥料(油かす)
・たい肥

①果樹を植える時期は冬です。11月から2月の間に、周囲70cm~1mの穴を掘ります。
②肥料を入れて、たい肥と混ぜた土をかけます。
③真ん中に果樹の苗を植えます。
④苗が小さいうちは、下草を刈りましょう。冬の寒い時期に、根のぐるりへ肥料をまきます。梅雨どきは、果樹のぐるりに溝を掘ってあげると、根くされしません。冬越しが難しい、レモンや文旦は下草を刈り、根もとへかけます。

日本みつばちを飼おう

はじめて日本みつばちのはちみつをなめて、その生命力あふれる野生の香りと味わいに感動しました。それから高知の谷相につたわる伝統的な採り方をきこりの晴一さんにおそわり、いつしかはちみつ採りに夢中になりました。

棚田のびわや梅や桃の花が咲くと、日本みつばちが蜜をあつめはじめます。みつばちたちをよく観察すると、おしりをふりふり8の字ダンスをしていたり、手をこすって、みつばちどうしで、蜜のありかをつたえあっています。おまけに手足に丸くて黄色い花粉の玉をつけている姿は、じつにかわいらしくてこころがなごみます。

巣箱の女王蜂やはたらき蜂は、みんなメス。母系社会なのです。あたらしい女王蜂が生まれると、古い女王蜂がはたらき蜂をつれて巣箱をでていきます。どの巣箱にするかは、偵察にでかけたみつばちが、会議ではなしあって決めるのだそう。

みつばちの平和な世界には学ぶことがいっぱいあります。ちいさな果樹園や森に巣箱を三十箱もおいています。だれにでも巣箱さえあれば日本みつばちを飼うことができます。

一年のうち二、三箱、おおいときには八箱に日本みつばちの群れが巣箱にはいります。そうすると七月の終わりごろに、蜜をしぼります。一升瓶三本くらい採れると、森のおくりもの、はちみつの自給自足です。はちみつは、朝いちばんにスプーン一杯をのどをうるおすようになめると、のどの免疫力を高めるのだそうです。もし世界からちいさなみつばちたちがいなくなると、人間はわずか四年しか生きられないといいます。たべものの受粉ができなくなるからです。だからみつばちを飼うことは環境のためにもなるのです。

材料と飼い方

・はちの巣箱（箱と台）
・ブロック…3個
・小石…1個
・トタン
・針金
・はちみつ

①はちの箱を置く場所を決めて、ブロックを2つならべて置き平らにします。その上にはちの巣箱を置きます。
②はちの巣箱とトタンの間に小石を置き、トタンがななめになるようにします。
③風ではちの巣箱が倒れないようにブロックとはちの巣箱、トタンを、針金でくくり、さらに重しのブロックをのせます。
④はちの巣箱の入り口に、はちみつをたっぷりぬります。
⑤4月から6月にかけてはちが巣分かれ（分蜂）するので、週に1度、巣箱のお世話にいきます。すむしがわいた箱は、箱の中をバーナーであぶり、すむしの卵を焼きます。そのあと、巣箱の内側に梅ジュースをぬります。巣箱の入り口の上に、目印のはちみつをぬります。

※はちみつの採り方は、『種まきびとのものつくり』（アノニマ・スタジオ）を参照。

新しい巣箱をおきます。

真ん中の巣箱には日本みつばちがはいっています。ペットボトルはスズメバチをつかまえるトラップ。

日本みつばちのはちみつは、
天然自然の森のおくりもの。

みつろうクリームをつくる

みつろうは、みつばちからのおくりもの。

日本みつばちのはちみつを採ったら、みつろうを採取しましょう。とても、かんたんにつくれます。みつろうというのは、みつばちがつくるおうち、巣そのものです。みつろうは、はたらき蜂のおなかの分泌腺からでる、巣をつくるための透明な液です。そこへみつばちが子育てのためにためこむ花粉やらプロポリスがついて、うつくしい黄色になるのです。

みつろうでつくれるものは、ろうそく。これは、中世のヨーロッパの教会でつかわれてきました。灯火がうつくしく、はちみつの甘い香りがただよい、うっとりします。

もうひとつ、みつろうでつくるクリームは、かなりのすぐれもの。みつばちのつくる自然なものだから、たべてもだいじょうぶ。赤ちゃんからお年寄りまで、安心してつかえます。ハンドクリームやリップクリームとしても顔やからだじゅうにぬってもだいじょうぶです。

みつろうには、ビタミン、ミネラル、カロテンなどお肌にうれしい栄養がたっぷりふくまれています。それでお肌がつるつる、つやつやになります。

おまけに、みつろうには、保湿効果だけではなく、殺菌、消炎効果があるのです。肌の炎症ややけどやアトピーにもよいといわれるのは、この理由から。いちどぬると、みつろうのロウの膜で、すべすべになります。冬の乾燥するシーズンには、水しごとをするときなど、手や顔、からだにたっぷりとぬっておきます。

毎年はちみつを採ったときに、お弁当箱ひとつ分はつくるので、あまってしまうときがあります。そんなときは、みつろうワックスとして、床や家具や革製品にぬると皮膜ができ、いい色合いになります。ときどき日本みつばちがみつろうをなめるために、わたしの手や顔をつつきにやってきます。そのしぐさが、とてもかわいいので、おたのしみです。

材料とつくり方

・アルミの一斗缶
・ざる
・ガーゼ
・はちみつを採ったあとの巣
・なたね油
・密閉容器
・使わなくなった鍋

①大きな鍋に水を入れ、火にかけます。はちの巣を入れて、沸騰したら一斗缶にざるをのせます。
②溶けたらざるでこします。缶の上にみつろうがたまります。
③さらに2、3度ざるの上にガーゼをのせてこします。するときれいなみつろうができます。
④みつろうとなたね油を5：1で火にかけます。密閉容器に入れて固めます。

巣そのものがみつろう。

みつろうとなたね油でみつろうクリームをつくります。

果樹園のジャムつくり

ちいさな果樹園で採れる季節のくだものでジャムをつくります。

このジャムは、旬のくだものがぎゅーっとつまっていて、とびっきりおいしいです。さわやかな酸味と粗製糖のほのかな甘さが、豆乳ヨーグルトにもあいます。

朝ごはんのパンケーキやヨーグルトに欠かせないたべものです。季節のくだものを、粗製糖ですこしだけ、甘くつくります。すこし茶色い粗製糖の味になれると、白砂糖をつかう市販のジャムやお菓子の甘さが、しつこく感じられて、たべられなくなりました。

すももや、あんず、さくらんぼ、梅、ブルーベリーなど、果樹の木からもぐのが、たのしみです。わたしたち人間は、木登りしたりして、じぶんの手で木から果実を採集することが、生きるためにはひつようなのかもしれません。

そうやって、むしゃむしゃ、果樹の下で、もぎたての果実をほおばることが、おいしさの秘訣かもしれません。果実のたねのまわりを汁をしたたらせながら、ほおばると、おいしくておどろきます。たねのまわりがいちばんうまいのです。わたしたち人間はいつの時代にも、本質的なたべものを探して、根源的なうまさを味わうひつようがあるのです。

祖父と祖母が、はじめて生まれた孫のわたしのために火鉢の炭火で食パンをこんがりと焼いてくれたのを、ふとおもいだします。炭のぱちぱちとはじける匂いと食パンのいい匂いがまざりあっています。それからおもむろに、当時は貴重だったバターをうっすらとバターケースから、バターナイフでとりだして、こんがり焼けた食パンにざーざーとぬります。

さいごに台所で、ぐつぐつ土鍋で煮ていたうすピンク色の紅玉りんごのジャムのあつあつをたっぷりとのせます。それをふーふーといいながら、たべました。その思い出がわたしのからだのなかに、味や香りとなって、しっかりと記憶されています。こういうたべものの記憶というものが、いまのわたしのくらしをつくる原動力となっているのです。だからたべることをいいかげんにしてはいけないのです。愛情をこめて、つくったものは、そのひとの人生そのものに、かかわってゆくのが、手づくりのたべものなのです。

材料とつくり方

- 果樹園の果実、あんず、梅、ブルーベリー、すもも、さくらんぼ、文旦、こなつ
- 粗製糖

①鍋に、果樹園で採れた果実と粗製糖を入れてぐつぐつ煮ます。色がかわるものには、レモンを少し入れると、しあがりの色がきれいになります。

②煮沸したビンへ入れて冷蔵庫で保存します。

ちいさな果樹園で採れたすもも（写真上）、
あんず（写真右下）、ブルーベリー（写真左下）。

酵素ジュースをつくる

酵素ジュースは、エネルギーのもと。

ジュースのぬか漬けのようなものです。いろいろな果実が実る五月のおわりにはじめます。

酵素とは、からだの消化吸収に欠かせないもの。たべたものから栄養をとりだし、エネルギーにかえ、傷を治し自己治癒してくれるもの。

からだの元気のもと、細胞のなかのミトコンドリアがひつようとしているものです。だから夏の暑い日、畑しごとで大汗をかいたとき、炭酸水や水でわってのみほします。すると、ブドウ糖が脳に吸収されて、ぱーっと元気になります。

はじめは白砂糖がよくないとおもい、黒砂糖や粗製糖でつくってみました。すると発酵もしにくく、えぐみと苦みでおいしくできません。どうやら、黒砂糖や粗製糖は果実に浸透しにくく、果実のエキスを抽出しづらいのです。そこで、氷砂糖をつかってみますと、すっきりさわやかな味になりました。からだによくない白砂糖は酵素によって、ブドウ糖と果糖に分解されます。白砂糖は、酵素のたべるごはん、エネルギー。どぶろくをつくるときのごはんのようにスターターとおもっています。

これは、まいにち酵素ジュースの味をみるとよくわかります。うっとりするような香りがして、ほんのり甘いのならば、だいじょうぶ。苦く感じ、甘さが足りないようであれば、酵素のたべものの氷砂糖が足りないのです。このように味をみて足し、まいにち素手で、かきまぜます。わたしの手の常在菌が酵素ジュースのなかにはいるので、わたしのからだにあった常在菌が、もういちど、おなかにはいり、からだを癒してくれるように感じます。

酵素ジュースはまるで生きものみたい。温度があがってあたたかくなると、ぶくぶく、ぷわぷわ発酵がすすんで、しめた密封瓶が、ポーンとおおきな音をたてるほどです。

そうなったら、発酵がすすんできたので、ガーゼやふきんを輪ゴムでとめるようにします。酵素ジュースという生きものをかかえてくらすと、発酵するものがいとおしくなります。

材料とつくり方

・いちご、あんず、梅、すもも、りんご、すいか、ブルーベリー
・氷砂糖
・手が入る大きさの保存容器（煮沸消毒しておきます）

①大きいものは切って、小さい果実は皮付きをそのまま使います。
②ビンに入れ、氷砂糖、果実と交互に入れていきます。ふたは、ふきんを輪ゴムでとめておきます。
③家の中の、涼しい場所に置いて、毎日手でかき混ぜます。
④すっぱく、苦くなったら果実と氷砂糖を足します。

まいにち、手でかきまぜます。

夏の日のおたのしみ。炭酸水でわってのみます。

野草茶、お茶の木を植える

お茶は、植物からのおくりもの。

まいにちのお茶の時間は至福のときです。家族や弟子やお客さんとお菓子とともにお茶をのんで一服します。谷相の水でいれたお茶は、のどをすいすい通り、カフェインで覚醒します。五月の八十八夜（立春からかぞえて）に摘んだお茶をのむと長生きするそうです。

はじめてお茶を摘んだとき、お茶の新芽を摘む手のたのしみをおぼえました。うちのなかで、パソコンしごとをする手と、お茶の新芽を摘む手がおなじだなんてちょっと信じられません。新芽のやわらかい芽を摘むと、手がよろこぶような気がするのです。

ほかの畑しごと、バジルやコリアンダーを摘むことを通しても、わたしは植物のすばらしさに感動しました。植物は、わたしたち人間にすばらしいおくりものをしているのです。植物をじぶんで植えて育てていくと、植物にじぶんの存在がつたわるような気がします。

植物とわたしのあいだで、気のようなものをやりとりしているのです。棚田のあちこちから自生しているお茶の木の茶葉を、お茶摘みし、一年分の紅茶をつくります。

野草茶は、きし豆茶とハブ茶と山茶を煎《い》ってつくります。きし豆茶は高知の家庭で江戸時代からよくのまれているもの。カワラケツメイという豆科の植物です。子どものころ、さやを笛にして遊んだカラスノエンドウと、ちょっと似ていますがまるで別の植物です。これは利尿作用があります。ハブ草は、たねが漢方の便秘薬につかわれます。黄色い花のかわいい草です。

これらを栽培して収穫し、乾燥してから煎ってお茶にします。おしっことうんちがよくでるようになります。からだにわるいものがたまると血液の循環がとどこおります。ノンカフェインなので子どもからお年寄りまで安心してのめます。野草茶は自己免疫を高めるのどのセンサーにはたらきかけるのだそうです。だから野草茶をよくのむひとは健康で長生きです。

さらに大地にはえる野草をお茶にしてのむことで、こころに平穏をもたらすのです。

材料と育て方

・お茶の苗
・スコップ
・肥料
（油かす。ケイフンはあわない）

①穴を掘り、土底に油かすをひとにぎり入れます。
②お茶の苗を植えて土をかぶせます。
③水をたっぷりあげます。

[野草茶のいれ方]
①急須やポットにひとつかみ茶葉を入れます。
②沸騰したお湯を注ぎ、3分待ち、湯のみに注ぎます。

お茶摘みは、手がよろこぶ。

ハブ草は、枝から葉っぱをもいで干す。

にわとりを飼う

小学校の校門のわきで、ひよこを売っていました。黄色いひよこに目が釘づけになりました。家にかえり、母に「ひよこを飼ってもいい?」ときくと「だめ!」農家の友だちは買ってもらっていたのが、うらやましかった。当時はアパートの三階にくらしていたのでした。

そのときいつか大人になったらひよこを飼いたいと、こころに決めました。二十代のころから、にわとりを飼いはじめ、なんども卵からひよこが孵化しました。卵をあたためている親鳥をみると、子育てについておしえられます。

親鳥はもう、わきめもふらず羽根の毛はぼうぼうな姿でやつれていきます。まいにち、くちばしで卵をくるくるとまわします。わたしや子どもたちが近づくと、くくーっと手をつつきます。ひよこになると、親鳥はじぶんの羽根の下にかくしながら、子育てします。

三、四ヶ月して若鳥になると、オスかメスかわかるようになります。オスだとがっかりしますが、オスの鳴き声には、しびれます。朝いちばんに、羽根をぱたぱたさせながら、コケ、コケ、コケコッコーと鳴けるようになるまで練習するのです。

にわとりの好きなピーマンのたねやさつま芋や里いもの皮、スイカの皮をちいさな琺瑯《ほうろう》のバケツにいれて、にわとり小屋にもってゆくのが、たのしみです。畑で草刈りしたあと、はこべや苧麻《ちょま》やぎしぎしをもっていったときも、おんどりがクククッと鳴いて、めんどりに「ここにおいしいたべものがあるよ」とおしえます。おんどりのラブコールです。

ある寒い冬の朝、にわとり小屋にいくたびに一羽ずつ首なしで死んでいました。そしてとうとう全員がやられたのです。にわとりの鳴き声のきこえない朝をふとんのなかで迎えるのは、たえがたいさみしさでした。にわとりの首をちぎったのは、母屋の石垣に巣のあるいたちにちがいないのです。かわいい顔をしているけれど、ギャングみたいないたちのしわざです。どんなに頑丈な小屋をつくっても、土を掘りトンネルをつくってしのびこむのです。それで小屋の下に、ステンレスの網をはりコンクリートをいれました。もう安心です。

飼い方

・つがいのひよこ
・小屋
・えさ箱
・水入れ
・もみがら

①にわとり小屋をつくり、床にもみがらをしきつめてふかふかにしておきます。
②つがいのひよこをもらいます。
③ひよこが生まれるようにしながら、卵を採ります。雄鳥が増えたら、年をとった雄鳥のお肉をいただきます。
④1羽の雄鳥から、手羽元、手羽先、もも肉、ささみ、胸肉各2枚ずつ、心臓、肝臓、砂肝1個ずつ骨は鶏ガラスープに使います。

おんどり1羽にめんどり6羽。

東天紅というにわとりはうつくしい。

棚田のはしごをつくる

　シモンがつくったはしごは、うえへうえへと天高く、登りたくなるようなはしごです。はしごのうえへと、つい登ってしまうのは、はしごがかわいいから。ここにある樹々からつくられているから。果樹園や畑にはえている、びわや栗の木をそのままつかっています。シモンはフランス人の大工さんです。福岡正信さんの記念館の内装もしたそうです。はしごを登り降りしながら、ここにあるものでつくるというシモンの考え方について想わずにはいられません。シモンの考えにつらぬかれたはしごの意味を感じています。ちいさな果樹園は棚田なので登ったり降りたりがたいへんでした。遠回りしなくて、登り降りできるように、テッペイとふたりでホームセンターで買った木材で、はしごをつくりました。ところが十五年も過ぎると、はしごが朽《く》ちてこわれてあぶなくなりました。

　ちょうど弟子のさおりちゃんの紹介でシモンがやってきました。フランスから日本の大工の棟梁のところに弟子入りして、いまでは独立して大工になりたてです。彼にたのんではしごをつくってもらいました。

高知の山は、てっぺんまでつづく棚田がうつくしいです。この棚田は村の祖先がつくったものです。「長宗我部の時代のものだから、草をはやさんように、だいじにせんといかん」と近所のおじいさんにいわれます。

カヤをはやしたりすると、棚田の石垣がこわれてしまうのです。いったい長宗我部ってだれだろうとしらべると、いまから五百年くらいまえの戦国時代の氏族だそうです。

五月の田植えのころ、水がはいるとピカピカ光って、とてもうつくしい棚田。これを維持していくのは、なみなみならぬ苦労があります。わたしたちが移住してきたころには、村のあちこちの棚田は、杉の植林になっていました。テッペイは杉の花粉アレルギーなので、棚田の杉をきこりの晴一さんに切ってもらい、果樹の苗を植え、ちいさな果樹園をつくりました。いまは棚田の果樹園にシモンのはしごがあるだけで、うれしくなります。

材料とつくり方

- 畑にある雑木
- のこぎり
- 金槌
- 釘
- 電動ドライバーまたは、手回しくりこ

①柱になる部分を2.5mで2本切ります。
②①の柱に50cm間隔に7ヶ所穴をあけます。
③はしごの部分を50cmで7本切ります。
④柱の木の穴に③で切った木をさしこみ、釘で打ってできあがりです。

はしごをつくったシモンとわたし。

棚田をうえへうえへ登るためのはしご。

火を焚くくらし

わたしの住んでいる、ここ谷相ではまいにち午後三時を過ぎると、薪でお風呂を焚くけむりが村じゅうにたちのぼります。それをみてわたしは、こころがおだやかになり「ああ、ゆたかだな」とおもうのです。冬はお風呂のほかに、薪のストーブや炭の火鉢がくわわります。ガスや電気とちがって、からだの芯からぽかぽかとあたたまります。それに薪の火をみると、こころがおちつくのです。ストーブのうえでは、鶏のスープや豆をくつくつと煮込み、おいしそうな匂いに家族があつまってきます。こちらもガスの火より薪の火でつくるほうが、だんぜんおいしくできあがります。縄文時代にはかまどで火を焚き、土器でたべものをくつくつ煮込んだのでしょう。いまも昔も、ひとのくらしのいとなみはそんなにおおきくかわりません。火を焚き、火をみつめると、火は縄文時代のものとおなじ火だということがわかるのです。「火を焚きなさい」とわが子によびかける詩をかいた山尾三省。彼は屋久島で自給自足のくらしをしながら子育てしました（人間は／火を焚く動物だった／だから　火を焚くことができれば／それでもう人間なんだ）。

わたしの子どものころ、うちにも祖母の家にも、どこの家にも火鉢がありました。朝は火鉢の炭の火をおこし、はじまるのです。鉄瓶が五徳のうえでしゅんしゅんとわいています。いつ来客があってもいいように、お茶がすぐいれられます。おもちやおへぎやするめを焼いたりしました。いつのころか、火鉢がなくなり灯油のストーブにかわっていったのです。

3・11のあと原子力エネルギーについて考える機会がたくさんありました。遠くから運ばれてくる石油や電気にたよらないくらしを選ぶとき、薪はりっぱな自然エネルギーです。日本は世界の先進国のなかでも三番目に森林面積がおおい国。ただ薪の生産量は最下位です。日本はなぜ自然エネルギーに恵まれているのに、ほとんど利用しないのでしょう。

あらたに太陽光や水力発電を考えるのもいいけれど、山のくらしでは、薪こそ、未来のエネルギーになるのではないかとおもいます。間伐材や製材所からでる端材がいっぱいあります。薪という自然エネルギーの利用にエネルギーシフトしましょう。

材料とつくり方

・火鉢　・火おこし
・灰　・炭
・五徳　・鉄瓶
・火箸

①火鉢にふるいにかけた灰を入れます。
②五徳、炭を置きます。
③火おこしの中に炭を入れ、ガスコンロで火をおこします。
④火のついた炭を置き鉄瓶をのせます。

テッペイのつくった火鉢（写真上）。
七輪の炭火で焼くとおいしい（写真下）。

薪貯金があると、ほっとします。

蜜源をふやそう

日本みつばちは、日本に固有の野生のみつばちです。

この日本みつばちを飼うために、巣箱を棚田の果樹園のあちこちにおきます。だれでも、巣箱さえおけば、日本みつばちを飼うことができます。飼うひとがふえれば、貴重な日本みつばちをふやすことができます。

まず蜜源となる菜の花やレンゲや果樹の花をふやすこと。花はみつばちにとってはたいせつな蜜源になります。巣箱を畑におくと、キャベツやブロッコリーや白菜の花が蜜源となります。そしてみつばちの受粉活動のおかげで、果樹や野菜の実なりがよくなります。

さいしょのころは白菜のたねになったおおきな株を刈りとり、果樹園に運んで、果樹の根もとにまいていました。何年もつづけたのですが、ちっとも菜の花は咲きません。「いったいどうなっているのだろう」としらべたら白菜のたねはF1のたねだったのです。

F1のたねは一代かぎりのたねなので、発芽しないのでした。昔ながらの在来種や固定種というのは、親から子へおなじかたちがうけつがれるという自家採取できるたねです。

だから蜜源をふやすとき気をつけることは、たね選びです。子孫ができないたねを選んでしまっては、いくらがんばっても蜜源になる花は育たないのです。

そんなとき野口勲さんの『タネが危ない』(日本経済新聞出版社)という本に出会いました。人工交配でつくられたF1種は栽培がかんたん。だから野菜はいまF1種のたねがほとんどです。けれど野口さんは、F1種の植物がふえることでみつばちをはじめ、わたしたち人間にどんな害があるか、わからないといいます。

わたしの畑でつくるものは、在来種や固定種のたねにしたいとおもうようになりました。未来のみつばちや子どもたちのためにも。蜜源の花をふやすために、果樹を植えておおきく育てます。野菜も花まで咲かせて、たね採りまでするようになると、ごぼうやにんじんの野菜の花がみられて、その意外なうつくしさにおどろくのでした。

材料と育て方

- 菜の花になる在来種、小松菜、白菜、キャベツの固定種の種
- 果樹の苗

①菜の花になる小松菜、キャベツや白菜を花になるまで育てます。
②種採りして、果樹園の果樹の根本に種をまきます。
③ブルーベリー、梅、あんず、すもも、果樹の苗を植えます。

第3章 台所でつくる

ごはんのたびに
ちいさな畑から葉っぱを摘んで
みずみずしい野菜のごはんつくり
たべものが、わたしをつくる
台所は、わたしじしん

豆乳ヨーグルト

ヨーグルトは花粉症に効くそうです。だからまいにち欠かさずたべたいテッペイさん。そのために、豆乳ヨーグルトをつくっています。乳製品をたべつづけるのは、からだによくないのではないかとおもい、豆乳でつくりはじめました。

わたしじしんも、牛乳をのむとおなかがぐるぐるいう、牛乳アレルギーです。わたしのような乳製品をうけつけないおなかのひとにもやさしく、カロリー控えめな豆乳ヨーグルト。

これをつくる菌もまた、植物性のおからを原料とした青山菌をつかっています。

まずは、おいしくて、成分無調整の濃い豆乳でつくるとうまくできます。さらりとしていて、クリーミーでたべやすい味です。菌を継いで、かんたんにつくることができます。

そのうえ発酵ものはおもしろい。菌をからだにとりいれると腸がよろこぶんです、腸がよろこぶと、脳がよろこぶ。腸と脳はつながっているので、感情がゆたかになります。腸がわるいと、こころの状態もわるくなるのです。腸を活発にすると、脳が活発になるのです。腸が気もちいい、気もちわるいの感情をもっているとは、おどろきました。

豆乳ヨーグルトには、大豆イソフラボンが豊富で女性ホルモンの活性化のはたらきがあるのです。乳酸菌がたくさんふくまれるので、便秘にも効果があります。植物性の乳酸菌は、腸までとどくので、腸のはたらきがよくなって、便秘を予防するのだそうです。腸のなかの腐敗をおさえるので発がん性物質の発生を防ぐのだともいわれています。またマクロファージのはたらきを活性化させるのでがん細胞をとりのぞくというすぐれた効果があるそうです。

わが家では、まいあさ自家製の手づくりジャム、アーモンドやくるみやかぼちゃやひまわりのたねでつくる自家製シリアル、日本みつばちのはちみつをそえて、いただきます。いちごやバナナ、りんご、ゴーヤーをくわえてインド風ラッシーにしてもおいしいです。

材料とつくり方

・無調製豆乳
（赤穂の豆腐もできる豆乳）
・発酵菌
（Aoyama-YC菌というおからからつくった１００％植物性乳酸菌。詳しくは青山食品サービスのＨＰへ）

①豆乳１ℓに、発酵菌５gを混ぜます（次につくるときからは、一度つくった豆乳ヨーグルトを残しておいて、スプーン１杯ほどを使います）。
②ヨーグルトウォーマーで８時間、温度を保ち発酵させます。
③お豆腐のように固まったら、豆乳の箱の上を切り、ハンドミキサーでかき混ぜます。このひと手間で、ヨーグルトが生クリームのように、なめらかな味わいになります。
④うつわに盛り、はちみつ、手づくりジャム、自家製シリアル（ひまわりの種、かぼちゃの種、アーモンド、くるみ、胡麻、オーツ麦、干しぶどう、カシューナッツ）をそえていただきます。

谷相のはちみつ

豆乳プリン

みんなおやつのプリンが大好きです。

ネパールへ旅したときに、カトマンズのホテルのレストランでたべたプリンが忘れられません。丸いケーキ型にいれて焼いたプリンをケーキのように切ったものでした。日本にかえって、さっそくケーキ型でプリンをつくってみました。子どもたちが大よろこびしました。

暑い日はもちろん一年を通じて、卵をつかわないとろとろ豆乳プリンが人気です。成分無調整の濃い豆乳と天然の無漂白寒天でつくるので、さわやかな味わいのプリンです。

豆乳は女性ホルモンのひとつ、エストロゲンに似たはたらきをするイソフラボンが豊富で、更年期障害の予防や生理不順などに効果があります。また大豆にふくまれる大豆タンパク質は動物性タンパク質にくらべて低カロリーです。

豆乳プリンはヘルシーなおやつです。さらに余分な栄養吸収を抑制する大豆サポニンも豊富。サポニンには抗酸化作用があるので老化防止にもなります。寒天も腸内環境を整えるのでからだにいいことばかり。マダガスカル島のバニラビーンズで香りをくわえます。

卵や乳製品をいっさいつかっていないので、アレルギーをもつ子どもにも安心なおやつです。おいしいっていうのは、うつわもたいせつです。テッペイの陶器のカップにいれると、さらにおいしくなるのです。わが家のおいしいは、テッペイのうつわにささえられているのです。土もののうつわは、うけとめてくれるのです。うつわが、おおきいのです。

材料とつくり方

- 寒天…3g
（水でしっかり一晩戻しておきます）
- 無調製豆乳…4カップ
（赤穂の豆腐もできる豆乳）
- 粗製糖…大さじ6
- バニラビーンズ
…お好みで香りづけ
- プリンを注ぐ型

〈カラメルソース〉
- 粗製糖…200g
- 水…100cc
- 熱湯…150cc
- 中華鍋
- 木べら

①寒天を水で戻します。
②鍋に、寒天と寒天が浸るくらい水を入れて火にかけ、しっかり煮溶かします。
③寒天が溶けきったら、②に豆乳、粗製糖、バニラビーンズを加えます。
④沸騰させないように、ふつふつ火にかけます。
⑤粗製糖が溶けたら、火からおろし、カップに注ぎ、あら熱がとれたら冷蔵庫で冷やします。
⑥プリンが固まったら、カラメルソースをかけていただきます。

［カラメルソースのつくり方］
①鍋に水と粗製糖を入れて、混ぜないで強火にかけます。
②あわがぶくぶくして、水分がなくなり黒い焦げ茶色になったら、鍋をゆすり、焦げつきそうになってきたところで、鍋のふちから熱湯を入れます（この時すばやく熱湯を注がないとはねてくるので危険です）。全体を木べらでかき混ぜ、とろりとしたら、冷ましてから、ビンへ入れて常温で保存します。

無漂白の糸寒天を水にもどしてつかいます（写真右）。完全にとけるまでくるくるかきまぜます（写真左）。

こんにゃく

こんにゃくは、カツにするとまるで肉のような味わいです。冬にあつあつを甘みそをつけてたべるのが好きです。

サトイモ科のこんにゃく芋は、原産国がインドシナ半島。一人前になるまでに三年はかかります。春にたねいもを植えると、秋には生子《きこ》というこんにゃく芋の赤ちゃんができます。

こんにゃく芋の姿は、茎はぶちぶち模様で花はまるで熱帯アジアの植物で、とてもへんちくりんです。畑で育てると夏じゅう「あれってなあに?」と見学にきたひとがかならず質問します。十一月のおわりには、おおきく育ったきみょうな植物が、さっさと消えていなくなってしまいます。だから探すのがたいへんです。冬には地上の葉っぱはすっかり枯れているのです。それでも掘り当ててこんにゃく芋からこんにゃくをつくると感激します。だれがどうして、このたべ方を発見したのでしょう。生のこんにゃく芋には毒性があり、強いえぐみはシュウ酸カルシウムといわれています。生ではたべることはできないけれど、灰汁《あく》をつかうことで、たべることができるようになるのです。

昔ながらのこんにゃくつくりに欠かせないのが、灰汁。えぐみをとりのぞき、固めるはたらきがあります。わが家では薪ストーブからでる桜やけやきなどの灰からつくる灰汁をつかいます。こんにゃく芋には、食物繊維のグルコマンナンが豊富です。グルコマンナンはからだのなかでは消化されず、胃や腸のなかで、水分を吸って膨張します。だから血糖値をおさえたり便秘にもいいので、テッペイの父セツローさんにぴったりなたべものです。

材料とつくり方

こんにゃくの材料

・こんにゃく芋…500g
・湯…1000cc
・灰汁…220cc

灰汁の材料

・灰…300g
・水…900cc

灰汁のつくり方

①鍋に灰と水を入れ、1時間煮ます。水が減ったらさし水をします。
②一晩おいて、布でこして、茶褐色の上澄み液を使います。

こんにゃくのつくり方

①こんにゃく芋を3つに切って、圧力鍋で炊きます。重りが回りだしたら、5分で火を止めます。
②こんにゃく芋の皮をむき、芋とお湯1000ccを3回にわけてミキサーにかけます。皮を少し入れます。
③鍋に移し、灰汁を回しかけ、すばやく10分間力強く混ぜます(つのが立つまで)。
④水をつけたおわんですくい、ぬらした手でつるつるに丸めていきます。
⑤鍋に沸かした熱湯の中に入れて、1時間煮ます。固まったら水に一晩さらしておきます。

このへんてこな植物の根っこがこんにゃくになる。つかえるおおきさになるには3年かかります。

広葉樹の灰と大豆の殻の灰でつくる灰汁。

みそをつくる

冬の寒さも和らぎ、高知の山にも春の気配がおとずれるころ、わが家では、毎年いちにちがかりで、一年分のみそをつくります。手づくりのみそは、まさに「生きたみそ」です！と書いてみてほんとうに生きているのかなと、しらべてみると、市販のみそはほとんどが、加熱処理をしているので菌が生きていないのです。売られているみそは、菌が死んじゃっているのです。丸い空気弁がついているものは、生きているのでだいじょうぶです。

みそは生きていると、乳酸菌や酵母などが約百六十種類もふくまれていて、からだのなかのわるいものの毒出しや、脳の血管や細胞の老化も防ぐのだそう。わたしのつくったみそは、生きているからおいしいのでしょう。ほんとうに、手前みそじゃなくて、おいしいのです。みそがたっぷりあると、あとは梅干しやお米の備蓄があれば、とつぜんのお客さんがあってもだいじょうぶ。とびきりおいしい白菜だんご汁をみそでつくります。旅にでかけるときにも、みそや麩やわかめをもっていきます。体調がすぐれないときには、すぐにみそ汁をつくってのみます。みそがわたしの健康のもとです。

こうじを手づくりすると、みその材料費の節約になります。材料のこうじが、いままで、いちばん値段が高かったのですが、こうじ菌は二百七十円で買えます。それに、こうじがたっぷりつかえるので、三、四ヶ月でたべはじめられます。来年のみそのストックがない方には、おすすめです。そればかりか、みその味が、甘くふくふくとおいしいのです。そしてこうじの割合いがおおいので、失敗なくつくれます。あまりのおいしさに、感動します。

材料とつくり方

- 大豆…5kg
- こうじ…12kg
- 自然塩（カンホアの塩）…4kg
- 煮汁…6ℓ

①大豆は、たっぷりの水で一晩ふやかしておきます。お豆を焦がさないように、弱火で煮ます。
②指でつまんで、つぶれるくらい大豆がやわらかくなったら、ざるに上げます。煮汁はとっておきます。
③あたたかいうちに、すり鉢とすりこぎで大豆をつぶします（餅つき機があれば、みそ用の羽根で）。
④飯台にこうじと塩を入れ、手でもむように混ぜます。
⑤つぶした大豆に煮汁を混ぜ、④を入れてよく混ぜ、おにぎりの大きさに丸めて、お団子にします。
⑥焼酎で消毒したカメ、またはガラスビンの容器に、空気が入らないように投げ入れ、すきまのないようにつめます。さいごに、塩をふって、ハランの葉をしきつめ、紙ふたをします。
⑦3、4ヶ月後に天地をきりかえし、たべはじめます。

つぶしたゆで大豆と塩とまぜたこうじを丸めているところ。

いちぶビンにいれて、みえるところにおいて、色の変化を観察します。

こうじをつくる

こうじは、なんとニホンコウジカビといううんです。

コウジカビは日本にしかない、たべられるカビです。何百年ものあいだ日本人の台所をになってきました。そしてわたしたちの健康もつくってきました。長年にわたってたべてきたものをつくれるようになって、たねが次世代をつくるみたいに、たべ継いでいきましょう。

日本の食文化をつくりあげてきたのが、こうじです。しょうゆ、みそ、みりん、酢、日本酒、焼酎、泡盛などの発酵するもの。おなかのなかから、わたしたちの環境すべてが、発酵する菌にささえられています。こうじ菌はかんたんにつくることができます。

こうじはみそや塩こうじや甘酒やクッキーやパンつくりに役だちます。発酵するものは、まるで赤ちゃんのように、生きているのです。ぷくぷくはなしをしているようにみえるときがあります。こうじは、生きもの。しばらく冷蔵庫でお休みしていたかとおもうと、さ、目をさまそうって、こんどは塩こうじになったり、甘酒になったり、どぶろくになったり。

こうじは自由な善玉菌なのです。おなかのなかを整えると、ひふがうつくしくなります。

腸と脳、腸とひふ、ひふと脳は、お互いにつながっています。腸は第二の脳、またひふも第二の脳といわれるのは、腸もひふも、脳のように感じているし、考えているからです。ひふは、腸の状態をうつす鏡だなんていわれます。おなかの調子がよくて腸内環境がいいひとは、気分、きげんがいいのです。あまりきげんがよくないひとは、腸内環境の善玉菌と悪玉菌のバランスがわるいのです。つまりおなかの調子がいいとひとはうれしくなるものです。

材料とつくり方

・米…2升
・種こうじ…18g

①お米を洗って、たっぷりの水に一晩つけておきます。約20時間くらい。
②次の日、ざるに上げて、2時間おきます。
③布をしいた蒸し器に、空気が入るようにふんわりお米を入れて、強火で1時間くらい蒸します。
④飯台にあけて、人肌(35℃~40℃)に冷ましてから、種こうじをまぶします。
⑤種こうじがよくつくように飯台の中で、両手でまぶします。
⑥紙のお米の袋を用意し、⑤をおにぎりくらいの大きさに丸めて、中にしきつめます。
⑦段ボールの箱の中に豆炭あんかと一緒に入れ、保温します(35℃~40℃)。あんかに直接ふれると、温度が上がりすぎてしまうので、袋を毛布でくるみます。15時間たったら、かたまりをほぐしてさらに保温。温度が下がりかけていたら、あんかの豆炭をかえてください。
⑧保温から、48時間(2日くらい)でできあがり。冷蔵庫に保存します。

こうじつくりの道具たち。

蒸したお米を人肌にさます。

こうじ菌を蒸したお米にまぶし、両手で祈るようにこすりつけます。

手打ちうどん

四国といえば、香川県のさぬきうどん。

コシのある手打ちうどんが大好きで、高松によくたべにでかけます。若いころ、ワークショップなどで大人数のごはんをつくるとき、安くできるうどんをおもいつきました。つくると、みんなに、うまいとほめられます。手打ちうどんのおいしさを、おうちで手軽に味わえます。小麦粉に水をくわえて、こねると小麦特有のタンパク質グルテンができます。このグルテンが、うどんのコシをつくるのです。

グルテンは小麦の種類によってちがい、強力粉、中力粉、薄力粉にわけられます。うどんはもっぱら中力粉の地粉をつかいます。さぬきうどんは、足でこねて、寝かせます。寝かせるとグルテンのはたらきが、強まるのだそうです。

小麦粉によって味わいもかわります。中力粉が手にはいらないので近所の桜ベーカリーでわけてもらった、北海道産のニングル（強力粉）とゆきんこ（薄力粉）を半々にあわせてつくったら、とてもおいしくできました。下手にできてもそれはそれで、おいしいのです。

まずは、いりこ出汁のつゆをつくって、釜揚げうどんでたべましょう。名古屋風みそ煮込みうどんもおいしいです。昭和三十年代には、小麦粉にはメリケン粉とうどん粉がありました。メリケン粉はアメリカから輸入された小麦で、うどん粉は国産小麦からつくった小麦粉でした。おもには中力粉で、お好み焼きやたこ焼きやぎょうざの皮などにつかわれました。

江戸時代から明治時代ころまで、水車で粉にひいていました。かつては高知の谷相の村でも、小川で水車の石臼製粉が、おこなわれていたそうです。ふすまがはいっていて、色も茶色っぽく粗い粉だったそうです。それにくらべてメリケン粉は機械で製粉されていたので、きめもこまかく、真っ白だったので、うどん粉とは区別されたのだそうです。

材料とつくり方

・中力粉…1kg（7、8人分）
熊本産の南のめぐみ、
または、
北海道産ニングルとゆきんこ
・塩…15g
・水…400㎖
（おおくしてもだいじょうぶ）
・打ち粉

①水に塩を入れて溶かしておきます。
②こねる木鉢に中力粉を入れ、真ん中に穴をあけ、少しずつ水を加えて混ぜます。
③生地がつるんとした玉になるまで打ち粉をしながら、よくこねます。うどんのコシができるので、よくよくこねます。
④生地がまとまったら、かたくしぼったぬれふきんで生地をおおい、2時間ほど常温で生地を寝かせます。
⑤生地をめん棒で十字にのし、打ち粉をしながら三つ折りにして切る。
⑥たっぷりのお湯で10分ほど茹でてできあがりです。

セツローさんからの結婚祝いはこね鉢でした。

こねた生地はぬれふきんをかけてしばらく寝かせるとなめらかになります。

庖丁好きのセツローさんにもらったうどん切り庖丁で切る。

梅しごと

旅先で風邪気味になり、梅干しを探してコンビニやスーパーマーケットへいってみておどろきました。昔ながらのちゃんとつくられた梅干しがないのです。そのかわり添加物や保存料たっぷりの甘くてすっぱくない梅干しがあるのです。

これでは万病に効く梅干しとはいえません。いまでは、梅は買うものになってしまいました。じぶんでつくらないと、ちゃんとした梅干しが手にはいらないのだとわかりました。

わたしが、じぶんで梅干しをつくりはじめて三十年になります。つくるきっかけとなったのは、友人が二十kgの箱で梅をおくってくれたことでした。箱からは、うっとりするほどいい香りがしました。夜ねむりながらその香りに魅せられました。だから、高知に移住すると、すぐに植えたのが、梅の苗木でした。いまではおおきな木になり、毎年木登りして梅をもぐのがたのしみです。わたしのなかに、こういう野生の感覚があったのかと目覚めました。みどりの葉っぱにかくれるように、透きとおったみどり色の梅が鈴なりになっているのに感動します。木登りして梅をもぐからこそ、この梅のうつくしさに気づくのです。

こうして梅の実を木に登ってもぐことから、わが家の梅しごとははじまります。梅酒、梅干し、梅ジュースをつくります。祖母の梅干しは、昔ながらの塩分で二十%でした。しょっぱいので十%まで減らしてみるとカビがでやすいので、いまでは十二%でつくっています。「梅は三毒を断つ」とか「梅はその日の難逃れ」といわれ、梅がからだにいいことは、よく知られてきました。祖母と祖父がほうじ茶といっしょにたべていたのをみて、梅干しはまいあさたべるものだと、感心したものです。歯磨きする洗面台のうえにも、梅干し壺がおかれていて、祖父が歯磨きしたあと、壺からだしてたべるのも、こっそりみました。

梅干しと梅干し壺をみると、祖父のいちにち、いちにちのあのころのくらしが目のなかにおもいうかびます。そして、なんと中国古代の遺跡でも梅干し壺が発見されたとか。

材料とつくり方

- 梅（黄色い完熟した梅）…5kg
- 自然塩…600g（梅の総量の12%）
- 焼酎…適量
- 梅を漬ける容器
- 赤しそ…3束
- 塩…50g

①梅を洗って、乾燥させます。へた、おへそのゴミを竹串で取り除きます。
②梅を漬けるカメは、熱湯を回しかけ消毒をして乾燥。焼酎でふきます。
③梅を焼酎にくぐらせ、自然塩をつけます。へたのところにも塩をつけます。
④梅の重さの2倍の重しをします。梅酢が上がってきたら、重しを取ります。
⑤赤しそをよく洗い、かげ干しして水気がなくなったら塩50gを入れてよくもみます。アクはよくしぼって捨て、赤しそをカメの中に入れます。
⑥晴れた日に梅を干します。1日目はカメに戻し、2日目、3日目は夜干し。カメに戻して保存します。

青梅は青い葉っぱのなかにかくれている。

梅干しは、よくうれた黄色い梅でつくります。

梅びしお

昔からのちゃんとした梅干しが、からだにいいのにはワケがあります。

梅のクエン酸は疲労回復に効きめがあります。またお弁当やおにぎりに梅干しをいれるのは、強い殺菌作用があるため。お弁当にいれておくとおかずが腐るのを防いでくれます。食中毒や食あたりをおこす細菌も、梅干しのクエン酸がやっつけてくれるのです。風邪をひいたときにも、梅干しを番茶にいれてのむと効果があるといわれてきました。胃がんのピロリ菌にも、いちにち二粒の梅干しで菌を抑制することができるそうです。

こんなに薬効のある梅だから、昔からたくさんたべられてきたのです。

わが家でも、毎年カメにたくさん漬けますが、翌年のこった梅でつくる「梅びしお」は、家族に愛されて、食卓になくてはならないたべものです。梅干しがすっぱくて苦手な男のひとも子どもたちにも、梅びしおだとぱくぱくたべられます。ペースト状になっている梅びしおは、しそときゅうりで手巻き寿司にしたり、しゃぶしゃぶ鍋のたれにつかいます。とんかつなどの揚げ物もさっぱりいただけるので、食欲のないときに重宝します。

梅びしおは、もともと昔からつたわる伝統的な万能調味料です。ねり梅ともいわれ、瓶詰めして保存し一年中たべるもの。祖母から梅干しのつくり方とともに、おそわりました。

市販の梅は農薬などをつかってきれいな梅をつくります。無農薬で梅をつくってみると、わかります。梅干しや梅肉エキスや梅びしおが、健康食品といわれ、どれほどからだによくても、丸ごとたくさんたべる梅が無農薬でないとからだによくないのです。無農薬の梅は、傷がついたり、てんてんがついたりしていますが、うつくしい色の梅ができます。梅という健康食品を安心してたべるためには、まず一本の梅の苗を育ててみることからはじめましょう。そうすると、梅のことをもっと、よく知ることができます。梅を理解すると、梅のうつくしさに気づきます。立春に咲く梅の花のうつくしさ、青い梅には産毛がはえていて透明感があってうつくしいこと、梅を収穫してへやにおいてあるだけで、うっとり香りがすばらしく、しあわせなこと。梅の木ぜんぶが好きになることまちがいなしです。

材料とつくり方

・梅干し…１kg
・粗製糖…約３００g
・みりん…１００cc

①梅干しを一晩水につけて、塩を抜き、ざるに上げてよく水を切ります。
②梅干しの種を取り除き、ミキサーにかけて、ざるに移し、木べらで裏ごしをします。
③酸に強い土鍋か、琺瑯《ほうろう》の鍋に入れて、粗製糖とみりんを加え、弱火で15分ほど煮詰めて保存します。

梅干しの苦手なひとも梅びしおは大好き。

らっきょう漬け

らっきょうは根っこのようだけど、根っこの手前が太ったもの、球根です。玉ねぎやにんにくやユリ根もおなじなかまです。球根だからたべものとしての生命力が高くて、ちからがあるのです。根っこのちかくのたべものは、強いものがおおいのです。たとえば、にんにく、エシャロット、玉ねぎ、大根、れんこん、ごぼう、にんじんなど。これらは土のなかにできるので、陰陽では陽、からだをあたためるはたらきをします。

らっきょう漬けをつくるときは、らっきょうのひげ根をとり、茎は長めに切ります。そうすると、らっきょうのしゃきしゃき感が長もちします。

らっきょうは畑で栽培しているだけでは足りないので、近所の畑でつくっているひとからわけてもらいます。いつもだったら六月からでまわるらっきょうが、ことしはなかなか手にはいらず、ハラハラしました。家族や友人があたらしいらっきょう漬けをたのしみにしているからです。気温があがらなかったのと、水不足のせいです。天候不良でらっきょうがなくなると困るので、来年は畑にたくさん植えようとおもいます。

らっきょうは、畑の薬といわれるほど、薬効が高いたべものです。漢方では生薬としてつかわれていました。らっきょうのからみと匂いの成分ジアリルスルフィドに、からだのなかの発がん性物質を解毒するための酵素を活性化させるはたらきがあるのです。

からだのなかにたまったものを排毒したり、強い抗菌作用もあるので、ピロリ菌にも効果があるのだそうです。また食物繊維が豊富でごぼうの三~四倍もあるといいます。酢ごぼうも常食しますが、整腸作用もあり便秘に効果があるのはらっきょうのほうがうえです。

疲労回復や血液さらさらになるらっきょうをたくさん漬けてまいにちの食卓で常食しましょう。らっきょう漬けがあると、おおきな食の安心がえられます。梅干しやみそとならんで食のよりどころです。らっきょうのように根をもつひとになりたいと、おもうのです。

材料とつくり方

・らっきょう…2kg
A
・酢…6カップ
・水…1カップ半
・粗製糖…2カップ半
・自然塩…小さじ4
・赤とうがらし…3~5本

①らっきょうは皮をむき、洗って乾かしておきます。
②Aを煮立てて冷まし、らっきょうを入れて漬けます。

らっきょうは洗ってから竹ざるにいれ、かげ干しします。

花ちゃん風たくあん

季節の、畑で摘んだみずみずしい野菜をいれて、おみそ汁をちゃんとつくります。もちろん出汁はいりこです。あとは「ごはんの友」があれば、わが家のおいしいごはんがすぐにでき、たべられます。時間があればもう一品おかずをつくります。

「ごはんの友」はぬか漬けや梅干し、らっきょう漬け、納豆のほかに、鹿児島の友だちの花ちゃんがおしえてくれた、花ちゃん風たくあんがあります。大根はお陽さまにあてることで、さらにうま味がますばかりか、ビタミンDがくわわり、栄養価も高くなります。

寒くなって北風が吹くようになったら、晴天つづきの日を選んで、たてに細く切ったり、輪切りにして切り干し大根もつくります。高知の冬は乾期です。一年のうちで、もっとも乾燥しているので、一本のまま干す大根もあり、釘のようになります。

花ちゃん風たくあんは、畑でひとうね分くらいの大根を収穫し干してつくります。あたらしいうちもおいしいですが、三年ものは、ねっとりと焦げ茶色になりうすくスライスしていただきます。はりはり漬けのたくあんという感じです。ごはんの友にも酒の友になります。

山のてっぺんにくらすわたしたちにとって、こういう保存食はとても重宝します。台所のよりどころになります。かつては、どのおうちでもそうだったのではないでしょうか。とつぜんのお客さんにも、まき窯の何十人というごはんでもだいじょうぶ。

もしかしたら大地震のときに保存したたべものがあれば、手づくりしたみそがあれば、たくわえられた米があれば、畑に野菜があれば、なんとかなるのです。わたしたちにとって、さいごのさいごにひつようなものは、たべものくらいです。

たべものがあるという安心が、こころの平穏につながるのです。台所しごとは、きょう、あすのたべものというよりかは、一年くらいの長いくらしの時間で考えると、わたしたちのからだにいいものを常食できます。一年たべ、くらすうちにからだをかえていくのです。

材料とつくり方

・大根…2～4本
・粗製糖…600g
・自然塩…200g
・酢…360g
・昆布…1～2枚
・赤唐辛子…2本

①大根を洗い、4～5日干します。しんなり曲がるくらいになったら漬けるころです。
②干した大根の葉を切り落とします。粗製糖と塩で水分が出てしんなりするまで大根をもみます。
③もんだ大根をビンの高さにそろえて、切ります。ビンの中にぎゅうぎゅうにつめ、昆布、唐辛子を入れて、最後に酢を流し込みます。調味液が足りなかったら、同じ材料でつくり、ひたひたになるまで入れましょう。

在来種の大根なのでおおきさはいろいろ。

調味料に漬けている姿もたのしい。

花ちゃん風たくあんは、うすくスライスするとお酒のつまみにもなります。

ぬか漬け

「よっこらしょ、よっこらしょ」とまいにちぬか床をかきまぜていた祖母。そんな姿をみて、わたしも大人になったら、おおきなカメでぬか漬けをつくることが夢でした。子どもは、大好きな大人がたのしそうにしていることをまねぶのです（まね、まなぶ）。

人生のさいごにたべたいものは？　ときかれたら、迷わずぬか漬けとこたえるでしょう。和食の原点ともいえるのが、ぬか漬けです。野菜をたくさんたべられるし、ごはんの友として、さりげなくいつもそばにあるぬか漬け。ごはんとみそ汁とおいしいぬか漬けがあればじゅうぶんです。

ぬかは玄米から白米に精米するときにとりのぞかれる、胚芽や表皮のぶぶんです。胚芽はビタミンやミネラルをふくむ、すぐれたもの。さらにこのぬかを発酵させてつくるぬか床に生の野菜を漬けることで、栄養価がグンと高まります。ぬか床は、一回つくったら一生ものです。すっぱくなったりしても、まいにち根気よくぬかを足しながら底からさっくりかきまぜます。ふしぎなことにぬか床が意志をもつように、おいしくなろうとするのです。

あきらめずにお世話すると、わたしの手の常在菌がはいり、一生継いでいけるのです。それにわたしの手でつくると、常在菌がわたしのからだにあったたべものにしてくれるのです。最近では冷蔵庫でちいさな容器で漬けるひともいますが、おおきなカメで常温で漬けましょう。冷蔵庫ではなかなか発酵しませんし、かきまぜるとき手がつめたくてたいへんです。そうすることで、耳たぶくらいのやわらかさを保ち、ふっくらとしたおいしいぬか床ができるのです。しょうがやからし、ビールがあまったら、いれます。祖母から母へ、母からわたしに継がれた日本のすぐれた発酵文化を、つぎの世代につたえてゆきたいのです。

材料とつくり方

・水…2ℓ
・自然塩…250g
・琺瑯《ほうろう》容器
A
・いりぬか…2kg
・昆布…3枚
・赤とうがらし…6~7枚
・実山椒…小さじ2

①鍋で沸かしたお湯に、塩を溶かして冷ましておきます。
②容器にAをすべて加え、①を入れたら完成です。

毎日のお手入れ

朝と夜、1日2回を目安に、容器の底から混ぜます。
水分が出たら、ぬかと塩を足します。
カビが出た時は、上面をうっすら取り除きます。

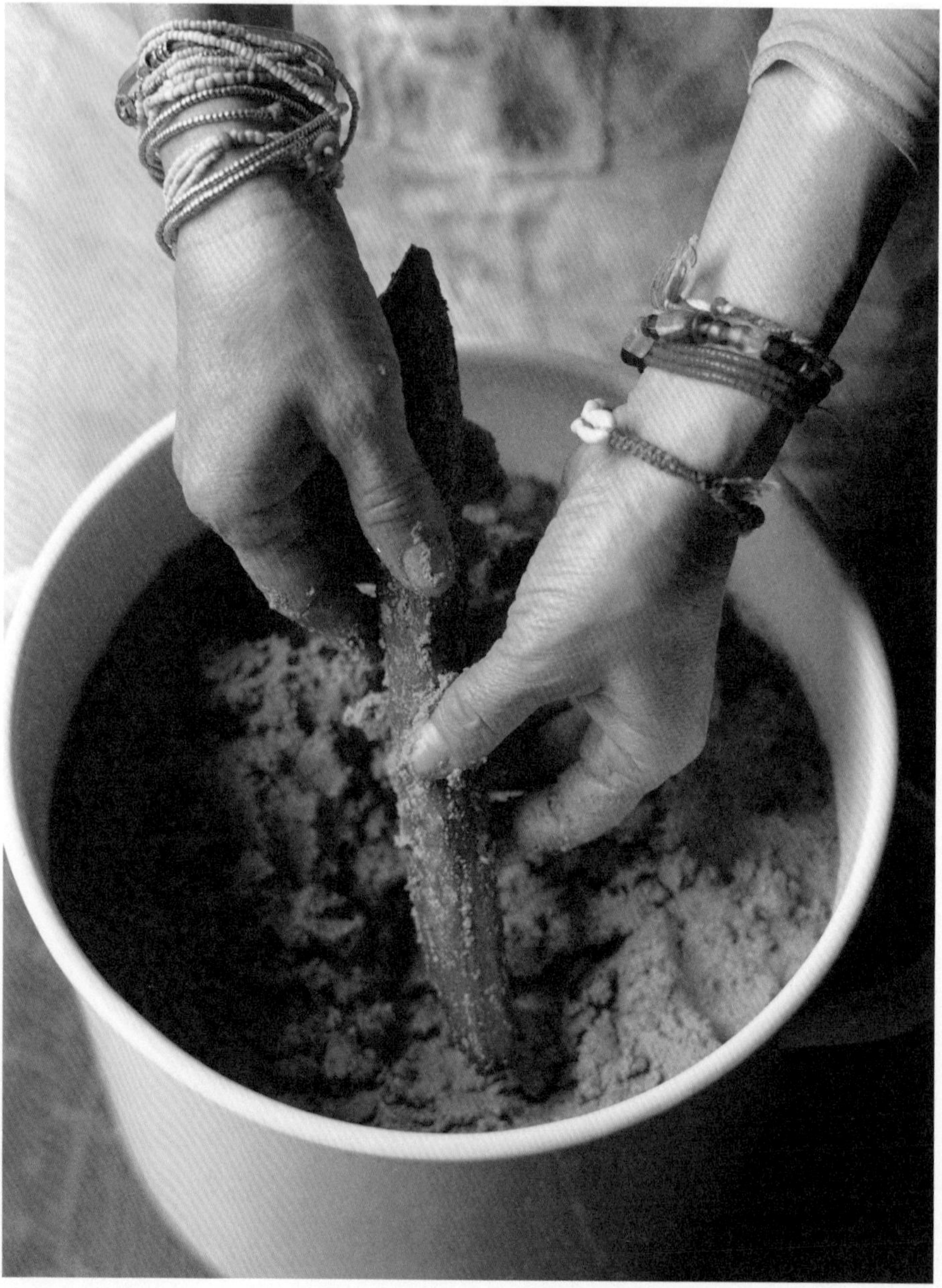

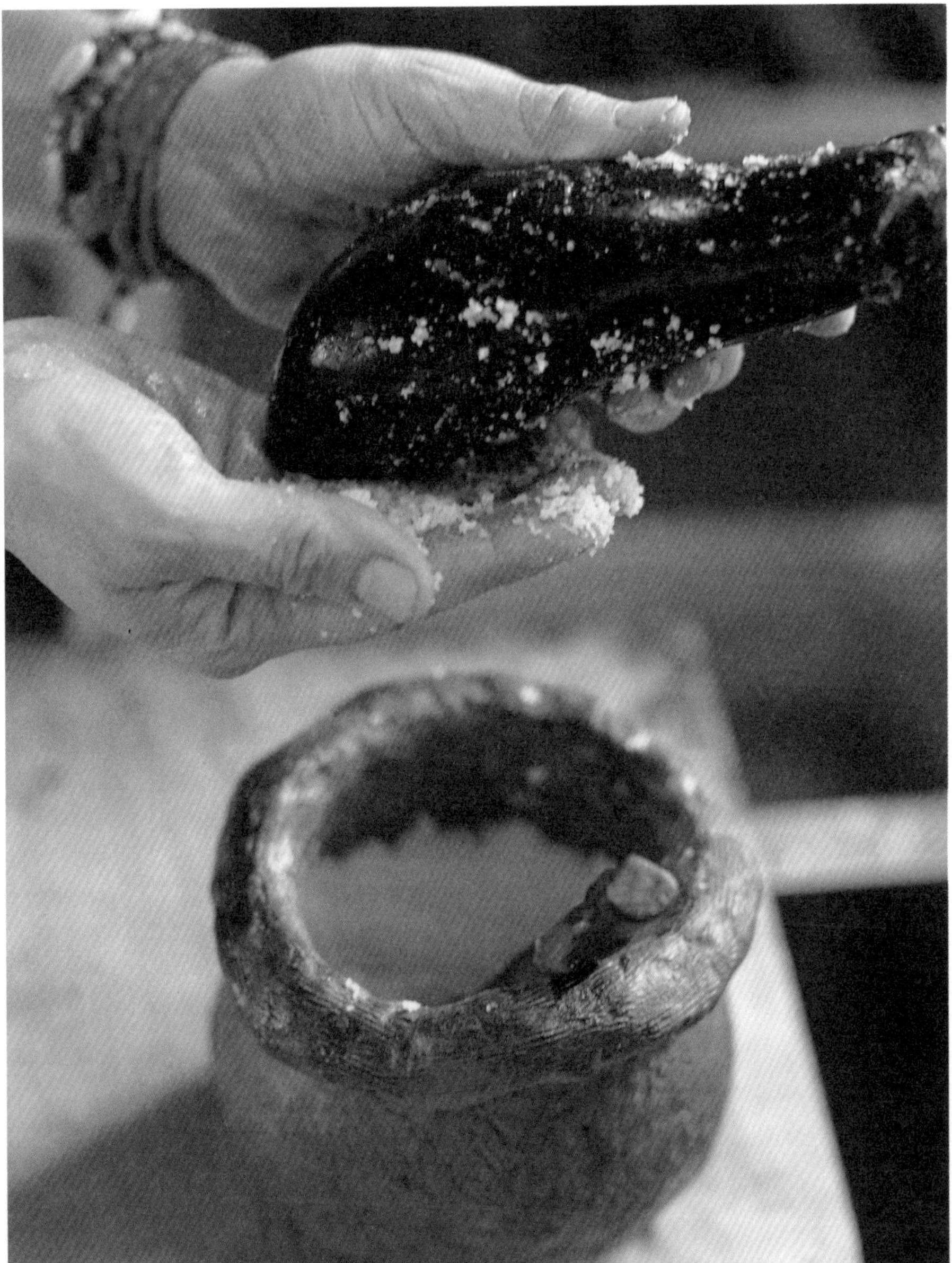

ぬか漬けのナスは色よくしあげるために、塩をこすりつけます。

しょうがの梅酢漬け

「くらしがしごと、しごとがくらし」やっといまではくらすことが、見直されてきました。かつては、くらすことなんて女や子どものしごとだと、おもっている男のひとが、ほとんどでした。いまは、昔のことです。時代はめぐり、かわるものです。

けれども「いくらていねいにくらしたいとおもっていても、気もちがゆったりできなかったら、意味がない。ものつくりは、つくらなきゃ生きてゆかれない」とテッペイはいうのです。それで「梅干しや梅酒なんて買えばいい」といい争いになり、梅干しをつくらずに、ゆっくり過ごすことを選んだ年がありました。

なんだか気もちの充実を感じられずに過ごしていると「しょうがの漬け物はないの」とテッペイにきかれました。「あれはね、梅干しをつくったときの梅酢がないとできないんだよ」というと、がっかりとした顔をされました。

梅酢がしょうが漬けになったり、みょうが漬けになったり、ぐるぐるまわってゆくことが、くらすことの本質であり、その根源をみた想いがしました。

そういうちょっとしたことが、くらしをまわしているのです。だから、しょうがの梅酢漬けをみるたびにそのやりとりを想うのです。

たいへんそうにみえる梅しごとをたのしそうに、なんでもなくできるためには、毎年梅しごとをすることとです。毎年すれば、手がなれて、自然とうごくようになり、たいへんなしごととおもわず、自然とからだがうごくようになります。

わたしたち人間のほんとうは、くらしがしごとなのではないのでしょうか。くらすために生きている。けれども社会は経済が中心にまわっています。お金のためには、しかたがないということになってしまいます。この矛盾をやぶるのは、家庭をつくる場にしてゆくことです。なぜかしょうがの梅酢漬けをつくりながら、こういうことを考えさせられるのです。

しょうがは、からだをあたためるための生薬でもあります。畑でしょうがの自給自足ができるようになって、保存食としてつくりはじめました。

材料とつくり方

- しょうが
- 梅を漬ける時にできた梅酢
- 自然塩（しょうがの重さの4％）

①しょうがの皮をむいて3㎝くらいに切り、塩をまぶして塩漬けにし冷蔵庫に1日おきます。
②塩漬けができたら塩を洗い流し、半日、天日干しにします。
③乾燥したら、しょうがと梅酢をビンへ入れます。2週間ほど漬けてできあがりです。冷蔵庫で保存します。

天然の紅しょうがとして、たこ焼き、お好み焼き、ちらしずしにつかいます。

干し芋と干し柿

十二月の大寒のころ、高知の山のてっぺんでは初雪がふり、いちだんと寒くなります。このころ、秋に収穫したさつま芋や柿で干し芋と干し柿をつくります。気温がさがり、乾燥した、大寒のころじゃないと、うまくできあがらないのです。

こがね色にかがやく干し芋や干し柿が軒先に干されたり、つるされた光景は冬のおとずれを感じさせてくれます。高知では「東山《ひがしやま》」とよび朝市にもならぶほどの、なじみの深い干し芋。「にんじん芋（はやと芋）」という干し芋専用のさつま芋でつくります。

もちもちと、こくのある、ねっとりとした甘みがおいしいので、もう干し芋というと「東山」以外考えられないほどのファンです。「東山」というと干し芋のことです。

にんじん芋は畑でつくると白っぽい肌のこまやかなさつま芋です。ゆがくとその名のとおり、あざやかなにんじんに似た色になります。干すとこがね色になります。

「東山」はからからに干すよりは、すこし生がおいしいです。冷蔵庫で保存します。すぐにたべない分は冷凍して、冬じゅうのおやつにたべます。

からだの老化を防ぐカロテンやビタミンC、ビタミンEが豊富です。火鉢の火であぶってもいいし、そのままでもおいしくたべられます。ふつうの干し芋ほど、かたくないのです。

干し柿も保存食です。昔のひとは、生でたべられる柿より、保存できる渋柿をたくさん植えました。しごと場と母屋のあいだの小川には四、五本の古い柿の木が植えられています。また渋柿はかきしぶ染めのかきしぶをつくる材料にもなります。

すでに植えられている渋柿の木に柿がどっさりなるので、その柿のへたの枝をすこしのこして、柿を収穫しましょう。枝のぶぶんがないと、うまくひもでつるせません。

干し柿も干し芋とおなじように栄養価が高く、自然の恵みだけでつくられる無添加のおやつです。食物繊維がおおいので、腸をうつくしく保ちます。生命力の高いたべものは、こころもからだもゆたかにしてくれるのです。

材料とつくり方

・さつま芋（はやと芋という干し芋用の種類）
・柿
・ひも

〈干し芋〉①さつま芋は、洗って皮をむかずにそのまま鍋に入れます。たっぷりのお湯で、2時間じっくりと茹でます。
②竹串がすっと通ったら、熱いうちに皮をむき、厚めに切って大きな琺瑯《ほうろう》のおぼんで、天日干しします。

〈干し柿〉①へたの枝を、T字に残すように、くるくる皮をむきます。
②ひもに吊るして、軒先に干します。

かんぴょうの自給自足

夏の日の夕方になると白い花が咲く「ユウガオ」。ユウガオの実がかんぴょうになります。かんぴょうは、ふくべとよばれ、その名のとおりたおやかで、たゆたう植物としてうっとりするうつくしいかたちをもっています。

くるくるとうすくりんごの皮のように、ひも状にむいたものを干します。日本へは、奈良時代に中国からつたわり、保存食として親しまれています。たくさんつくられたのは江戸時代から。わが家では、ちらしずしをよくつくるので、常備しているのが、かんぴょうです。かんぴょう煮は、太巻きにもかかせません。また春になるとよくつくる、ロールキャベツやおでんにいれる揚げのなかにおもちをいれるときにかんぴょうをよくつかいます。つくるのはかんたんで一年分をつくれるので、じゅうぶん自給できます。

春にたねをまくと秋にはたくさん実がみのります。かんぴょうは食物繊維やカルシウム、マグネシウム、カリウムなどが豊富です。食物繊維は、便秘予防、カリウムは腎臓の老廃物の排出をたすけます。ヘルシーで低カロリーなたべものです。

乾物のかんぴょう、市販のものは、カビや虫、変色を防ぐために、亜硫酸ガスで燻蒸《くんじょう》をして漂白します。亜硫酸は有害物質なので、手づくりするとちいさい子どものいる家庭でも安心してつかえます。手づくりすると真っ白なかんぴょうじゃなく生成り色にできあがります。

たねを採り、またつぎの春にも畑でたねまきして、一年分のかんぴょうをつくります。

こうしてかんぴょうを自給自足するためにつくると、かんぴょうをつかうたびに、ふくべとよばれるかんぴょうの一生をおもいうかべます。つかうことがうれしくなるのです。

畑でつくらなければ、知ることがなかったかんぴょうという植物。ふくべそのものの花、収穫した実が、うつくしく、たましいをゆさぶるたべものだからです。

ふくべということばのとおり、実のかたちの存在はたっぷりと、どうどうとしています。畑で葉っぱにかくれている、うすみどり色のおおきくなった実を発見したときなどは、おもわず声をあげてとびあがり感動するのです。ひとつのたねから育つもののおおきさとして、とうがんやかぼちゃよりも、おおきくて、その生命力には脱帽します。

材料とつくり方

・ユウガオの実

①ユウガオの実の皮をむき、2㎝ほどの輪切りにしてから、くるくると実をむいていきます。それを、1~3日、天日干しするとかんぴょうのできあがりです。冷蔵庫で保存します。

かんぴょうをお陽さまに干します。

ちらしずしが大好き。だからかんぴょうはたくさんつかいます。

かつおだし

まいにちのごはんつくりに欠かせないもののひとつに、「だし」があります。

和食ごはんにつかう「だし」。しっかりと自然素材のだしをとることで、なにもくわえずにおどろくほどのうま味があります。

だしをつかうと料理の味に奥ゆきが生まれ、滋味深い味わいになるのです。またみそやしょうゆや塩など味つけがすこしですむので、素材そのものの味をじゅうぶんに楽しむことができるのです。だしは味だけではなく香りもゆたかです。

こんぶ、しいたけなど植物性のだし。かつお、いりこ、あじご（ちいさなあじ）、あご（とびうお）など動物性のだし。いつでもすぐつかえるよう、おおきなガラス瓶にいれて水屋のうえにならべます。

かつお節は、じぶんでそのつど削ります。ちいさくなったら瓶にいれてためておき、そこにしょうゆをたっぷりと、酒とみりんをすこしいれてだしの素をつくります。このひと手間で、だしをとる時間がないとき、めんつゆをつくるのが楽になります。

かつお節は、かつおをおろし、煮て加熱し、乾燥した日本の保存食。カビづけされたものが、本枯れ節といわれます。カツオブシカビはコウジカビの一種で、いわゆるカビではないのです。まちがって、洗って干したりすると、ネコにもっていかれるので注意しなくてはいけません。かつお節削り器で削りながらつかうと、香りがよいですが、カツオブシ虫の発生に注意がひつようです。

朝ごはんのしたくをする祖母や母が、しゃか、しゃかと、かつお節を削る音で目が覚めました。そして昼ごはんや夜ごはんには、子どもたちに人気のしごとになりました。

化学調味料のアミノ酸は神経毒があるそうです。三歳までのちいさな子どもの脳に影響があるといわれています。子どもの味覚は、とぎすまされています。だからほんとうにおいしいだしのうま味の感動を、わが家のおみそ汁として、つたえましょう。

材料とつくり方

・かつお節…大きめのお茶碗山盛り1杯分
・水…800cc
A ・昆布…1枚
　・干ししいたけ…2〜3枚

①Aを10分以上水につけておきます。その後中火にかけ、沸騰する直前で昆布を取り出し、かつお節を入れます。
②3分ほど煮立てたら、ざるでこします。
③さらに二番だしもとれます。

水屋のうえに、しいたけ、かつお節、いりこ、こんぶとならんでいます。

母の代からつかっているかつお節削り。

いりこだし

わが家に「いりこ革命」おこる!

香川県観音寺市にあるいりこ屋さん「やまくに」さんが遊びにきてくれました。おいしいいりこをいただいて、わが家のだしは、すっかりかつお節からいりこにかわりました。

「やまくに」のいりこは瀬戸内海にあるひうち灘でとれる新鮮なカタクチイワシだけをつかいます。とくべつな手法でとるために、おなかに傷がつかず、ウロコはのこったまま、銀色にかがやいているから銀付いりことよぶのだそうです。それをむかしながらの手作業で、えらと腹わたをていねいにとりのぞくことで、おいしい澄んだいりこだしがとれます。

いままでのいりこだと、くさみやえぐみを家族がうけつけず、なかなか好まれませんでした。まずうどんのだしにつくるとおどろくほど上品な味にしあがりました。

それ以来まいにちのみそ汁のだしもいりこでとっています。瀬戸内海のゆたかな恵みを存分に味わえます。旅にも、かつお節の削り節より、いりこのほうが、手軽にもっていけます。そのままたべてもつまみになるほど、うまいのです。

小学五年生のとき、はじめての家庭科で、ごはんとみそ汁をつくりました。いりこごはんでした。お米をとぎ、京にんじんと大根をひょうし木切りにし、ささがきのごぼうをいれ、いりこと油あげをいれます。味つけはうす味で、塩と薄口しょうゆ。京都のふつうのおうちの炊き込みごはんでした。はじめて学校で習ったので、家にかえってなんどもつくりました。いりこが新鮮だとおいしくできます。

酸化防止剤のつかわれていない、新鮮ないりこをまず手にいれることがたいせつです。

西日本ではいりこですが、東日本では煮干しとよばれています。ちなみにさぬきうどんのだしは、すべていりこだしです。かつおだしは、すまし汁、茶碗蒸しやだしまきたまごなど、とくべつなときにして、ちいさなカタクチイワシのだしをつかうことで、食物連鎖の害をちいさくすることができます。

材料とつくり方

4人分
・いりこ…12尾
・水…800cc

①30分以上いりこを水に浸けておきます。
②中火にかけて沸騰してきたら、2分ほど火にかけて、いりこを取り除いてできあがりです。

ピカピカのいりこ。

いりこごはんは、みなが大好きでぺろりとなくなります。

納豆

朝ごはんは納豆ごはんです。納豆さえあれば、おじゃこや卵やオクラをくわえて朝ごはんになります。納豆がうちでつくれれば、なにかあっても安心です。

3・11のあと、東京や鎌倉に住む友人にたのまれて、高知から納豆をおくったことがありました。冷蔵庫にひとパックでも納豆があれば、大豆をゆがいて、菌をふやし、自家製の納豆ができます。納豆菌はじょうぶで強いので、継いでつくりつづけることができます。

畑でつくった安全な大豆があれば、安心です。

大豆を保存しておけば、納豆をはじめ、豆腐、豆乳、おから、みそがつくれます。大豆は、二、三年も保存することが可能なのだそうです。

それからは、なにかあったときに備えて、備蓄をしています。お米や乾麺のうどんやきしめんやそば、パスタやペンネ。そういう主食にくわえて、強力粉や薄力粉も常においています。うちでたべる分と、ぐるぐるいれかえをして備蓄します。ほかにも豆類は、大豆、白花豆、紫花豆、茶豆、小豆は、一年分を保存して収穫時期にあたらしくいれかえます。

一週間に一回くらいつくるわが家自慢の納豆カルボナーラ。まず納豆を細かく刻み、卵にいれてあわだてます。そこへバターを大さじ一杯、黒胡椒、塩をいれておきます。念入りに卵がホイップ状になるまで、あわだてます。麺は太めが、納豆とからみつきおいしいです。麺がアルデンテでゆがけたら、納豆ホイップにお湯を適量いれます。大皿をあたためておいて、そこで、麺と納豆ホイップをからめます。味が足りなかったら、塩やしょうゆで整えます。トッピングは夏でしたらしその葉の刻んだもの。冬でしたらのりをかけてできあがり。

材料とつくり方

・納豆大豆…100g
・豆を煮る水…500cc
・納豆菌
（市販の納豆パック1/2でもできます）
・圧力鍋
・わら（なければ琺瑯《ほうろう》の容器）
・つくりたい量の納豆が入る容器
・保温する箱
（わらつと。なければ発泡スチロールの箱）
・毛布（寒い季節に必要です）
・ビン

①大豆を、指でおして、つぶれるくらいになるまで、煮ます。
※圧力鍋だと、圧がかかってから2分火にかけます。
②わらや容器を煮沸消毒します。
③容器の中で、大豆と納豆菌（なければ市販の納豆）を混ぜあわせます。
④わらの両端をくくり、袋状になったところへ、③をわらからはみでないように入れます。
⑤わらつとへ、ビンに40℃のお湯を注いだものをすきまに並べ、（発泡スチロールの場合も同じ）④を入れます。しっかりふたをして、さらに毛布などで保温する箱をくるみ、1日ゆっくり寝かせて完成です。

第4章 くらしのたねつくり

ちくちくぬうこと
くらしをたのしむために

くらすことは、つくること
つくることが、くらすこと
消費するおうちから
生産するおうちへ

ちくちくぞうきん

東京の蔵前にアノニマ・スタジオのギャラリーがあったころ、ぞうきん展が企画されました。そのとき、わたしは捨てられないぞうきんをつくろうとおもいました。いまはぞうきんが、ホームセンターで売られている時代です。

あるエッセイストの方がぞうきんが汚れると、いやなのでつかい捨ててしまうというのを知って、じゃあ捨てられないぞうきんをつくろうと、ちくちくぞうきんができあがりました。

いくらうつくしい、しつらえをしても、みえなくなればと捨てられてしまうのでは、ぞうきんがかわいそうです。それはうつくしいことではありません。汚れても石けんでごしごし洗ってつかいます。洗いざらし、風化するぞうきんのさまも、うつくしいとおもうのです。

わたしの祖母の時代には、ぞうきんは、着なくなった古い浴衣や着物をほどいてつくりました。ぞうきん掛けをしながら、あっこれはおばあちゃんの着物だった布と、ただのぞうきんなのに、なぜだかいとおしくおもったのをいまでもおぼえています。

それで、わたしの着なくなった衣服をつぎはぎして、ちくちくぞうきんをつくりました。

そのうえからちくちく赤い刺しゅう糸で縫います。みんなは、いろいろなぞうきんのなかから、わたしの衣服のつぎはぎぞうきんをわざわざ選んでからつかうのです。だれかがきていた衣服はそのひとと、ひとつになって感じられて、だいじにしてくれるのだなとおもい、うれしくなりました。

そして、ちくちくぞうきんがだいじにされるばかりか、ふきそうじが好きになります。うちでは床に布をしいてごはんをたべるので、ていねいに床のふきそうじをします。床や家具をたいせつにふくと、ピカピカになり、ものにもいのちが宿り、へやぜんたいにすがすがしい気がひろがり、わたしのこころもからだも、すっきりした気もちになります。

ちくちく縫うことは、祈りにも似ています。すごい集中力で、ちくちくしているうちに、じぶんが、ちくちくに縫いとられ、じぶんが、じぶんがとたいせつにしてきたことが、すっかりとなくなります。ちくちくしごとで、ふしぎなほど、ここちよくなるのです。

材料とつくり方

- 好きな布の端切れ、裏布
- DMCの刺しゅう糸
- 刺しゅう針

①好きな布の小さなかけらをつなぎ合わせて、つぎはぎして縫い、ぞうきんの大きさにします。
②表布と裏布を中表に合わせ、返し口を残してぐるりをミシンで縫います。返し口からひっくり返して、そこをとじます。
③全体を赤い刺しゅう糸で、ちくちく縫います。

わたしの着ていた服のつぎはぎ布がちくちくぞうきんになる。

ちくちくものつくり

ちくちくワークショップで、いちばんおおくの方が参加し、いっしょにつくったものが、ちくちくエプロンです。旅かばんは、旅するときにいつも身につけているかばんです。手縫いでつくるとたいせつにつかいます。ぐるりをちくちくと手で縫い、綿テープをつけるだけのシンプルなものですが、じぶんの手でつくるとうれしいものです。

はじめてワークショップをひらいたときに、つれあいのテッペイは「なんで、みんなでおんなじものを、おなじようにつくるんだ」と手きびしい意見をいってくれました。

たしかに材料はいっしょなのですが、ちくちくの縫い目が、ほんとうにおどろくほど、ひとりひとりちがっていて、それぞれを表現しているのでした。だからできあがると、みんなちがっているのです。わたしはそのことにおどろきました。作家やつくり手だけじゃなく、だれしもが表現する自由を手にしているのだと知ったのでした。

それにみんなの手はつくりたがっているのです。時間がないとか、材料がないとか、理由をいいながらも、ほんとうはみな、だれしもがつくりたがっているのだと感じたのです。

材料とつくり方

ちくちくエプロン

・本体の麻布…たて90cm×よこ80cm
・ひもになる麻布…7cm×60cmを1本（肩ひも）
7cm×70cmを2本（腰ひも）
赤い別珍、赤いチェックの布、赤い水玉の布
…それぞれ7cm巾で適量
・DMCの刺しゅう糸
・刺しゅう針

①本体の袖ぐりの部分（これをポケットに）を切ります。
②①で切った布の端を三つ折りにしてぐるりをまつり縫いで縫っていきます。
③70cm巾の布の端にミシンで水玉や別珍の布を縫いつけ、たて二つ折りにして縫いしろを1cm折り込み、ひもをつくります。60cm巾の布も同様にします。
④エプロン本体にひもとポケットを縫いつけます。

旅かばん

・かばんになる布
袋部分の麻布…たて80cm×よこ45cm
・ひもになる布
ひも部分の麻布…たて75cm×よこ12cm
赤い別珍、赤いチェックの布、赤い水玉の布
…それぞれ12cm巾で適量
・DMCの刺しゅう糸
・刺しゅう針

①麻の布を半分に折って、袋になるように両はしの縫いしろを2cm残してミシンで縫います。
②かばんの本体のミシンで縫ったところの縫いしろ部分を、折り伏せ縫いで、手縫いします。
③赤い別珍と赤チェック布をひもになる布の両はしに縫いつけます。それをたて二つ折りにして縫いしろを1cm折り込み、ぐるりを手で巻きかがりします。
④②で手縫いした本体に③のひもをつけます。

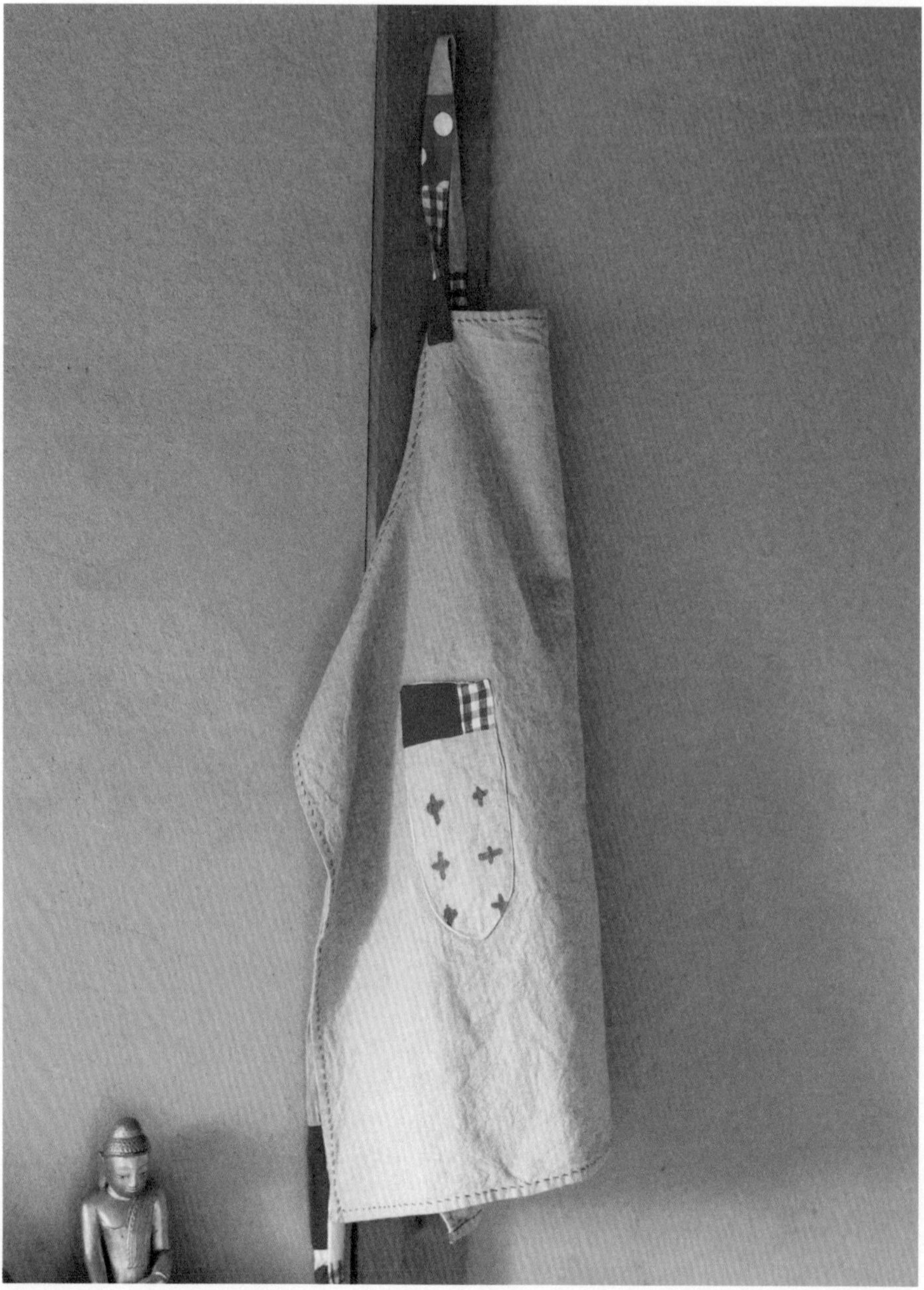

ちくちくエプロン

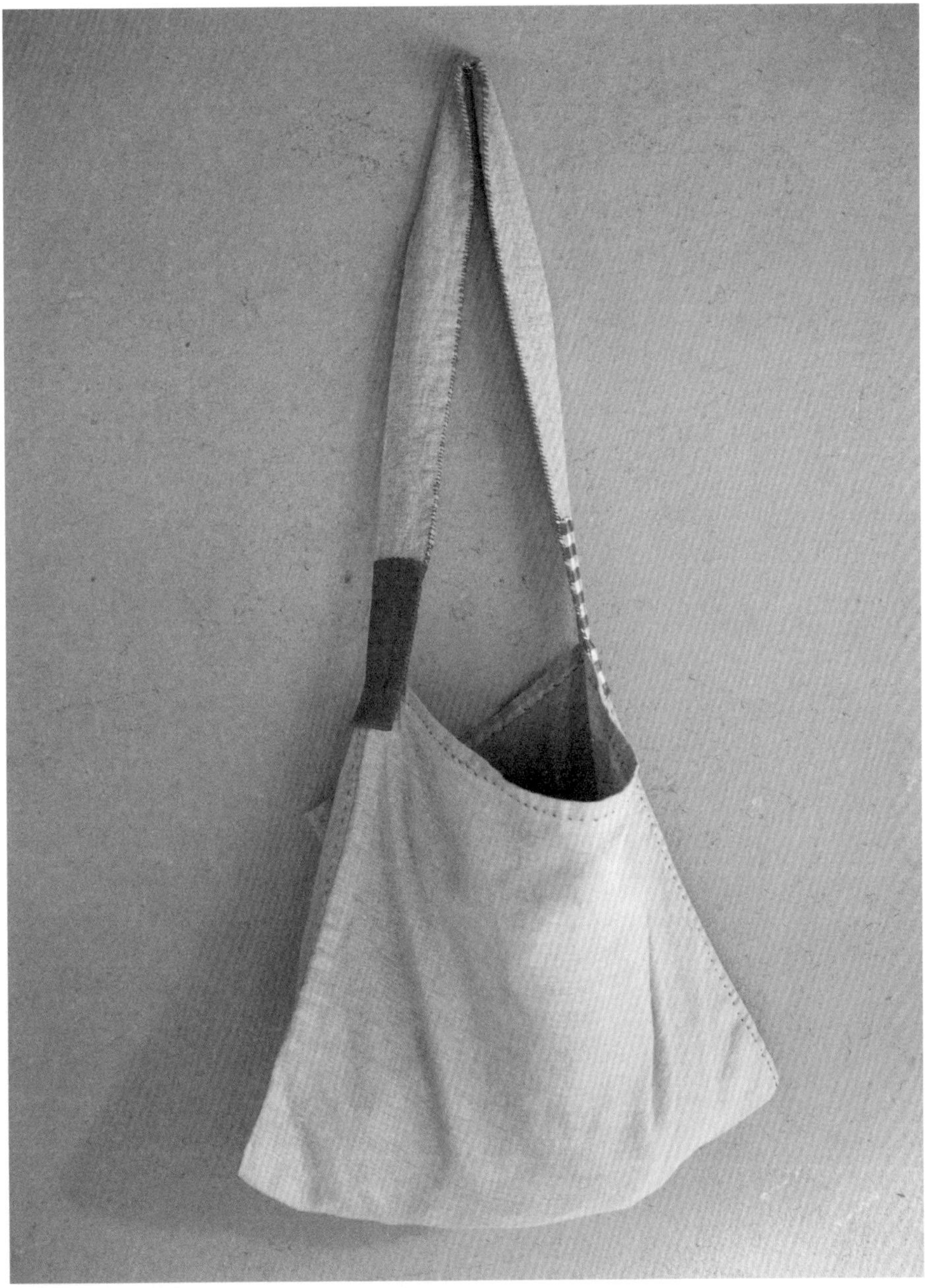

旅かばん

素肌にふれる衣の自給自足

素肌にふれるものは、だいじです。

なぜかというと、ひふは、感じ、考えるからです。第二の脳といわれるひふをおろそかにしてはいけません。ひふのことを考え、人間のからだは、ゆるくつつむのが健康的なのです。海外からズロースがやってきて身につけるようになったのは、ここ百年くらいのことです。からだをしめつけたり、たいせつなところに布をぴったりくっつけたりするのは、からだによくないのです。湿気でおおっているので雑菌の繁殖の温床になっているのです。

だからさらさらする、ふんどしパンツはすぐれものです。

もう、わたしはふつうのパンツにはもどれません。シルクの羽二重《はぶたえ》でつくると、ほんとうに身につけている気もちがしません。わたしたちのひふは、ただからだの内と外をわける皮ではないのです。ひふは第二の脳といわれています。ひふは、じつは音や色を感じたり、気もちいい素材や気もちわるい素材を感じているのです。感じるひふが感情のもとをつくるのですから、ひふによいものを身につけるために手づくりしましょう。

いまでは、下着はじぶんの手でつくり、百％自給できています。シルクやオーガニックのガーゼなど、ひふがよろこぶ自然素材のもので、手づくりすると安心です。じぶんでつくれるようになると、不安がなくなります。自然な素材のものを探すことを考えると、つくるとほんの短い時間で手づくりできます。手でつくると、ていねいになんども繕い、たいせつにつかいます。もうなくなってもつくれるので安心です。

材料とつくり方

シミーズ風

・絹、またはオーガニックコットンガーゼ
…たて115㎝×よこ50㎝
・DMCの刺しゅう糸5番

①布をたて半分に折り、肩を輪にして、袖ぐりと首のまわりを切ります。
②わきをミシンで折り伏せ縫いできるように縫います。
③首と袖のまわりをぐるりと、三つ折りで縫います。前に赤いステッチをします。

ふんどしパンツ

・オーガニックコットンガーゼ
…本体たて75㎝×よこ29㎝
ひも5㎝幅×長さ110㎝
・肌着用の細いゴム75㎝
・DMCの刺しゅう糸5番

①本体の布両はしを三つ折りして縫います。
②ひもをゴムの入り口をあけて輪に縫います。アイロンで二つに折り、ゴムの入り口を真ん中にして、本体と縫い合わせ細いゴムを入れます。

ふんどしパンツとシミーズ風。

あみものたわし

小学生のころ、雨の日の遊びは、あみものでした。

昭和三十年代から四十年代にかけて女の子のあいだであみものが実用をかねてはやっていました。さいしょはあやとり用の輪をくさりあみでつくりました。それができるようになると、かぎあみを子どもどうしで、おしえあって、帽子やマフラーをあみました。

あみものはうまくいかないと、やり直すことができます。なんどでも練習してうまくできるようになりました。いちどできるようになると、どんどんあみすすめられるので、休み時間の十分がまちどおしく、夢中になってあみました。

休み時間がおわってもあんでいたら先生に叱られて廊下に立たされたこともありました。子どものうちにおぼえた手しごとは、遊びのなかで自然におぼえるものです。

じぶんが好きで、やりたくてやっているので、頭じゃなくてからだがおぼえています。

いまでも、かぎ針をもつと子どものころのように、くるくるとあめるのです。好きこそものの上手なれというように、好きなあみものが手を器用にしてくれたのでしょう。

うつわを洗うためのものに、いいものがみつからないので、じぶんでつくることにしました。あみものたわしは、だいたい三分くらいで、一枚があめます。夕ごはんのあと本つくりにとりかかるまえに、一枚ずつあみます。遊びのようにひとつあみものたわしをあむのは、気分転換になって、気もちいいものです。

市販のものはアクリル毛糸ですが、ふつうの毛糸があまっていたので、それでもあんでみました。まいにちの洗いもので、じょじょにちぢまってフエルト化するのですが、その姿がなかなか、かわいいので気に入っています。

じぶんで手づくりしたあみものたわしをみるのが好きで洗いものもたのしくなったりするのです。よそのおうちをたずねると、台所をみるのが好きです。台所はそのひとの知恵のあつまったところです。そのひとのひとがらや知恵やくふうがみられるので好きなのです。

家庭の台所が、消費する場所から生産する場所になると、社会のなかでの家庭の役割がすこし、かわるはずです。これからのあたらしいくらしの運動に、きっとなるはずです。

材料とつくり方

・毛糸
・かぎ針

①かぎ針で、毛糸を10目くさり編みします。
それを5段かぎ編みします。
②ぐるりを1段編んで形を整え、取っ手の部分を10目編んでとじます。

あみものたわしとお湯だけで洗います。

刃もの研ぎ

台所しごとをしていて、包丁の切れ味がいいと、うれしい気もちになります。

だから一ヶ月にいちどくらいは、砥石をだして刃もの研ぎをします。わたしの子どものころは、毎週日曜日になると父が、木の桶《おけ》と砥石《といし》をだしてきて、台所で刃もの研ぎをしていました。かたわらでみていて、しゅるしゅるという、刃ものの すべる音にわくわくしました。ためし切りをすると、たしかに切れるのを、みていて気もちよかったのです。

けれどもその父は、台湾、韓国、タイ、マレーシア、中近東へと海外へ拠点を移す染色のしごとで単身赴任していったので、次第にわが家の包丁は研ぐひつようのないステンレス包丁へとかわっていったのです。

テッペイとくらしはじめると父セツローさんから、包丁をプレゼントされました。法隆寺の釘をつくった白鷹さんの包丁でした。気に入ってまいにちつかっていると、手入れがひつようです。畑でつかうカマやナタもおなじように砥石で研ぎます。砥石で研ぐことは、こころをしずめるいい時間です。もともと刃もの研ぎの好きなわたしのしごとになりました。

わたしに刃もの研ぎをおしえてくれたのは、炭焼きをするおじいさんです。愛知県の三州足助屋敷《さんしゅうあすけやしき》へ炭焼き窯ででる灰を、染色につかうためにもらいにいきました。当時八十代だったおじいさんに、にわとりの解体のしかたをおそわったり、刃もの研ぎをおそわりました。また天然ものの砥石や炭焼きのためのもんぺをいただいたりしました。

炭焼きじいさんのように生きるための知恵をもつひとになりたいとおもいながら、その後の三十年のあいだに時代が、ずいぶんと移りかわりました。

9・11があり、石油にたよって生きていくのが、だいじょうぶなのかと問われ、3・11のあとは、原子力というものにたよって電気の生活をつづけるのかと、問われてきました。

それでもわたしたちはまだ便利さからは自由になれないのです。もうそろそろ、薪へとエネルギーシフトしてもいいのでは。薪や炭など天然自然な燃料でくらすことが、循環可能な社会へかわるためにひつようだと、炭焼きじいさんは、そのころから説いておられました。

研ぎ方

・刃もの
・砥石
・水

①砥石を水につけます。
②砥石に裏(刃が平らな方)をつけ、10回研ぎます。
③刃のついている方を25度にかたむけて30回研ぎます。
④裏に戻し、10回研ぎます。
⑤①~④を3回くり返します。

わたしの包丁たち。すべて研ぎがひつよう。

かきしぶ染めスカート

かきしぶは、古くからわたしたちの生活に根づいてきた天然染料です。

水に強く防カビ、防腐、防虫効果もあるので江戸時代では酒袋や魚の網をじょうぶにするためにつかわれていました。


わが家では、布を染めるほか、台所の水まわりや竹かご、木製の包丁入れにぬっています。

染める前に、布は煮たり、洗ったりして、のりをおとしておきます。縁側で刷毛《はけ》で染めたり、おおきな容器で浸し染めしたりします。かきしぶは太陽の光にあたればあたるほど、皮膜が強くなり、色が濃くなり深い味わいになります。

やわらかいミルクティーの色から焦げ茶色まで、さまざまな色に染まるのです。

ちょうど高知の山のてっぺんに移住した年、保育園の子どものおばあさんにおしょうゆつくりを、おしえてもらったとき、かきしぶつくりもならいました。

かきしぶで布を染め、もんぺやスカートやワンピースやかばんをつくります。長くつかえばつかうほど、なんともいえない風合いによくなるのが、かきしぶ染めの魅力です。

材料とつくり方

かきしぶ染め

・青い渋柿20個、
またはは市販の柿渋液
・水
・ざる
・すり鉢、すりこぎ
・つけるためのカメ

①すり鉢に、8月に採った渋い柿を20個くらい入れ、すりこぎでつぶします。
②①をカメに移し、井戸水をひたひたに注いで紙でふたをし、1〜2週間ほど発酵させ、ざるでこします。
③市販の柿渋液だったら、2、3倍にうすめて大きな容器に入れて浸し染めを2、3回くり返します(干しては乾かして、また染めます)。
④布を染めたら晴れた日に2週間ほど干して洗い完成です。

かきしぶ染めスカート

・薄めの木綿布と
ミャンマーの茶綿木綿
・白別珍、うすみどり別珍
・綿のひも2m、ゴム75cm
・DMCの刺しゅう糸5番

①木綿布2m×80cm、ミャンマーの茶綿木綿2m×10cmと15cm×25cmを2枚(ポケットの形にします)に切ります。
白別珍とうすみどり別珍を4cm幅に切って、2mにつなぎ合わせます。
②①で切った、かきしぶ布と茶綿木綿を縫い合わせ、手縫いでちくちくします。そのあと、輪にして折り伏せ縫いをします。
③6cmの三つ折りにして、ひもとゴムを通すためにミシンで2本縫います。
④ポケットをつけて、裾を別珍テープでくるみます。
⑤1本はゴムを通します。1本ひもを通して、ひもの先を刺しゅう糸でくるみます。スカートの真ん中の部分にひもの出口をつくり刺しゅう糸でくるみます。

厚い布を染めるときは、刷毛で染めます。

わらじごと

ここ谷相の山の神さま。神さまのお祭りをになうのが、おとうやさんです。
十年に一度、おとうやをひきうけると、わらしごとでしめ縄をつくるのが常です。だから
わらしごとができないとたいへんなことになります。
いま八十代や九十代のおじいさんは、だれでもわらをなうことができます。わたしは豊太
郎さんに習いました。豊太郎さんはまず手につばをぺっとつけて、わらを両手にはさんでこ
すりあわせるように、するするとわらをなうのです。
子どものころ、じぶんでわらじをつくって学校へ通っていたという豊太郎さん世代は、だ
れでもみんなわらしごとができます。ひつようにかられて、うまくなったのだといいます。
昔は、わらが梱包材料だったといいます。なにもかもわらでしばって、運んだそうです。
いま習っておかないと、もうわらしごとのできるひとがいなくなってしまいます。だから
つぎの世代につたえることがひつようです。わらは左縄と右縄があり、しめ縄などのお飾り
につかうのは左縄だけだといわれています。

お正月は新年の神さま、歳神さまをお迎えするものです。

お正月のお飾りのしめ縄は、男女のへビがからみあった姿だといわれています。またかがみ餅は、ヘビがとぐろをまいた姿。おまけにまる餅はヘビの卵。多産なへビをまつることで子孫繁栄をねがったのでしょう。歳神さまも、へビの神さま、山からくる山の神さまも、じつはへビの神さまというのを『蛇』（吉野裕子著・講談社）という本で知りました。

ヘビがにっぽんの神さまのよりどころになっているとは、おどろきです。中国の龍、インドの蛇神ナーガと日本の蛇の神さまはどこかでつながっているはずです。

材料とつくり方

・わら
・木づち
・赤とうがらし
・いりこ
・ゆずりは

①わらに、霧吹きで水をかけ、しめらせてやわらかくします。わら打ちでとんとんたたきます。

②わらが、やわらかくなったら3本を1束にしたものを、2組つくります。2組のわらの根本を、わら1本でくるくるとまきつけます。そこを片足でおさえます。

③親指と、人差し指の間のまたにはさみながら、わらによりがかかるように手のひらでこすり合わせます。手前側によりをかけると、左縄。向こう側によりをかけると、右縄になります。お祭り用では、左縄を使います。

④縄目の間に、とうがらし、いりこ、ゆずりはを入れて、吊るします。

しめ縄づくりの道具と材料。

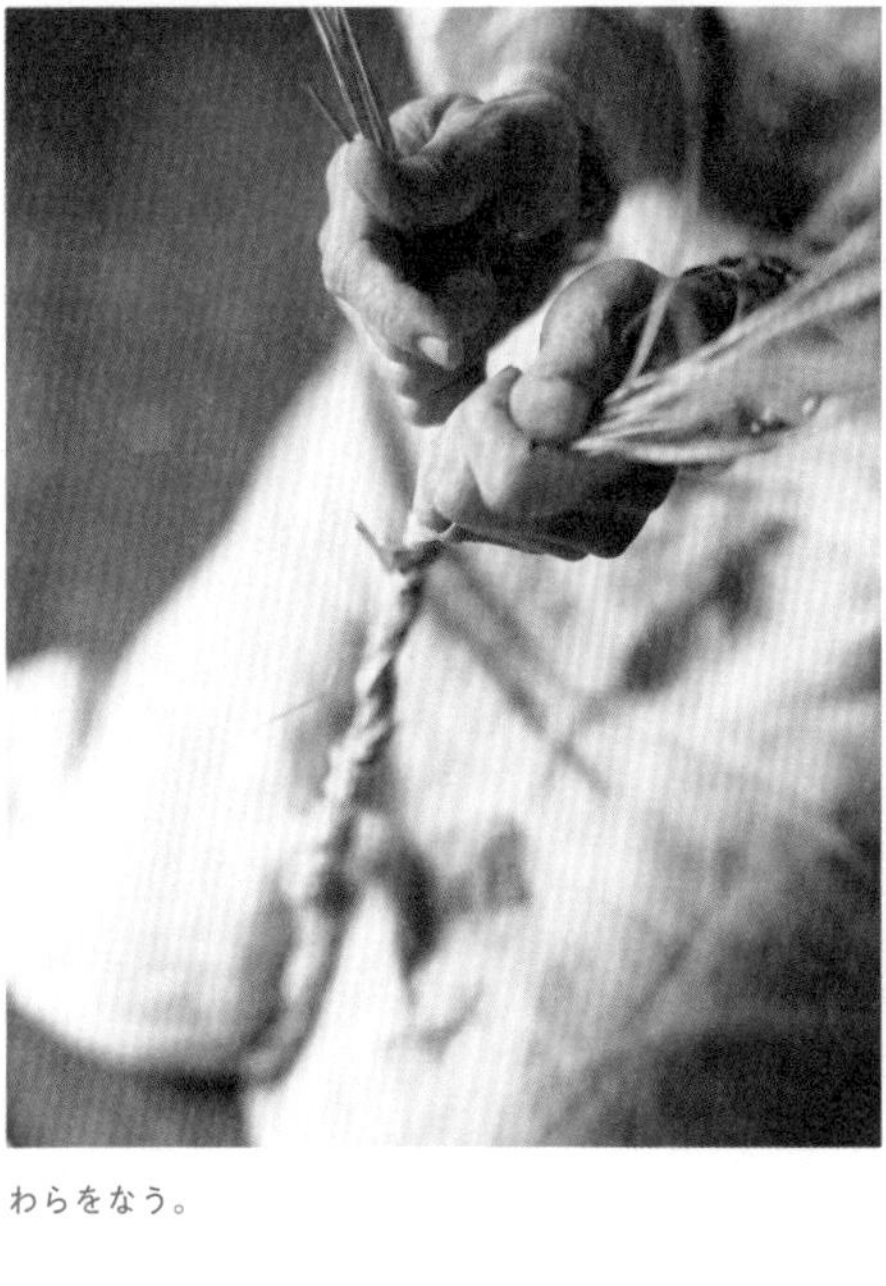
わらをなう。

わらをたたく。

ちくちくなべつかみ

台所にある、ちくちくなべつかみ。わたしだけではなく、テッペイや弟子たち、子どもたち、遊びにきた友人も台所で料理します。

そんなとき「なべつかみちょうだーい」と活躍するなべつかみ。なべつかみがないと不安になります。いつもの決まった位置があるのですが、ゆくえふめいになると、探します。

そんなにみんなの手にとられる、なべつかみはしあわせものです。いつも目につくように赤い色でつくります。いちどモノクロでつくったのですが、みんなの目にはいらず、「なべつかみどこ！」とあいかわらず探しているので、やっぱり赤でなくちゃとつくり直しました。

わが家の台所のコンロは業務用です。昔、松山にあったレイチェル・カーソンという自然食レストランのものをいただき、だいじに二十年もつかいつづけています。

業務用ですから火力が強く、なべそのものが熱くなります。取っ手のあるなべをつかうと火力でとけてしまうので、取っ手のないものがおおいのです。鉄瓶にはなべつかみ一枚でだいじょうぶですが、なべをつかむときには、二枚ひつようです。

ゆくえふめいになってもだいじょうぶなように、いつも五枚はコンロのまえの決まった位置にかけられています。なべつかみは、かなりの頻度で火にさらされ、焦げたり、汚れます。それを繕うのもたのしいしごとです。洗いざらされたなべつかみの、焦げたぶぶんを繕って、ちくちくしてあるのをみるたび、くらしてるなあと、にんまりしてしまいます。

それは、布のいのちをまっとうしているからです。布のさいごのさいごまで、つかい回すのが好きです。祖母がそうしていたように、つかって襤褸《ぼろ》になると、ちいさく十㎝くらいの布に切って琺瑯《ほうろう》の容器にしまっておいて、汚れたところをごしごしするのにつかいます。昔のひとは、さいごはひも状に裂いて火をつけ、虫よけにしたそうです。

材料とつくり方

・白い生成りの帆布
・赤のチェック、水玉模様の布
・タオル
・綿のひも
・DMCの刺しゅう糸
または、刺し子糸の白と赤

①好きな赤い柄の小さな布のかけらを、はぎ合わせて、テープ状のものをつくります。テープのはぎ合わせと帆布でなべつかみの大きさのものを2枚つくります。
②中表に①を合わせて、同じサイズに切ったタオルをおきます。ひっかけるための5㎝のひもを中央にまち針で止めておいてぐるりを縫います。そのとき下の部分を4㎝あけておきます。
③ひっくり返して、あいている部分をとじて、両面にみえるようにちくちく縫います。

湯たんぽぶくろ

冷えとり健康法は、くつしたの重ねばきと半身浴と腹八分目。この三つがたいせつです。くつしたの重ねばきは、まずシルクの五本ゆびのくつした、ウールのくつした、シルクのくつした、ウールのくつしたと交互にはき重ねます。

そのときにくつしたのゴムのぶぶんがゆるいものでないと、逆効果になってしまいます。半身浴は、みぞおちから下だけお湯にはいります。汗がでるまで、二十分くらい本を読みながらはいります。もし半身浴できないときは、ふとんのなかに湯たんぽをいれます。

そうすることで、寝ているうちにお風呂であたためるのとおなじ効果がえられるからです。半身浴をして、さらに湯たんぽをいれると、ここちよく眠れることまちがいなしです。ふとんのしあわせです。ほんとうに湯たんぽに出会ってよかったです。

湯たんぽは、陶器の湯たんぽが保温にすぐれています。朝まであたたかいのです。湯たんぽにお湯をいれるために、夕方から薪ストーブでお湯をわかし、保温力のすぐれたスタンレーの魔法瓶二本にいれておきます。

湯たんぽをちくちく手づくりした湯たんぽぶくろにいれます。ふくろがないと、陶器の湯たんぽは熱くて、くつした一枚だと低温やけどしてしまいますから、注意がひつようです。

材料とつくり方

・表布（ネル生地）
たて35㎝×よこ32㎝…2枚
・裏布
たて44㎝×よこ32㎝…2枚
・布テープ（好きな柄のもの）
たて10㎝×よこ32㎝…2枚
・ひも70㎝…2本
・ボタン…2つ
・ゴムひも通し

①ネル生地と裏布を2枚を重ね合わせ、湯たんぽの形に合わせて、下をまあるく切りそろえ、ふちをミシンでそれぞれ縫います。縫いしろは1㎝、このとき、ネル生地の両わきを上から2㎝あけて縫います。同じように裏布も、両わきを上から11㎝あけて縫います。
②布テープをつくります。3種の柄をくみ合わせ、ミシンではぎ合わせます。よこ32㎝、たて10㎝に切りそろえます。
③ネル生地の切った布と、②の布テープを中表に合わせ、細かな並み縫いで縫い合わせます。縫いしろは1㎝です。
④③と、裏布を中表になるように合わせ、それぞれの上の部分を細かな並み縫いで縫い合わせます。縫いしろは1㎝です。
⑤布をひっくり返し、裏布を表のネル生地の中に入れ、これで、表と裏がセットになります。
⑥ひもの穴をあけて、ふちの部分を内側に1㎝折り、並み縫いでとじます。
⑦ひもを通す部分を縫います。袋の上から3㎝下のところと、5㎝下のところを横にまっすぐ縫います。
⑧2本ひもを通し、ボタンを通して、完成です。

湯たんぽぶくろと、重ねばきのくつした。

ちくちくワークショップは、展覧会といっしょに全国各地をぐるぐるまわっています。
つくり方がわからなかったら、ぜひ参加してください。詳しくはHP【http://www.une-une.com/】まで。

虫よけのくすり

夏が大好きです。でも高知の夏は、虫だらけの季節です。

高知の梅雨は、高知の沖に低気圧が停滞すると、長く雨がつづきます。そんな梅雨くらいから、虫たちがどっとふえはじめます。夕方になると、ひぐらしが鳴きはじめるころです。

虫たちと、なかよくする方法を探しながらも、森のたそがれどきには、じーんじーんとひびきわたるひぐらしに、高知の山のてっぺんにいることを自覚させられます。

あたりいちめんが群青色《ぐんじょう》に染まり、あんなに青々としていたみどりが、じょじょに藍の色に染まっていくさまは、みたものでないと味わえないよろこびです。ですが虫が危険です。

こうした一瞬のうつくしさは、夕方と明け方のひとときにしか、みられません。もしからだじゅうで、感じることができれば、これが、いまここに生きているしあわせです。

いまみている自然そのものが、至福のひとときだなあと感じることができるのです。

こういうしあわせが、夏にむかうまいにち、明け方と夕方にみられます。けれども、夏には虫がいっぱいになるんです。虫のなかでも昼はアブ、夕方は蚊に悩まされます。

アロマオイルのユーカリやシトロネラや、レモングラスやペパーミントやティーツリーで、独自の虫よけスプレーをつくっていましたが、あまり効きません。

それで、ことしは鹿児島のテンダーさんという自給自足の達人のサイトにあった、台所にあるもので、かんたんにつくれる虫よけのくすりをつくりました。

これを顔や腕にぬって畑や森にでかけます。たいていノースリーブですが、蚊やアブにさされることなく過ごすことができました。

自給自足のための畑ですが、農業従事者として耕しています。夏は草刈り機三台でやっとちゃんと草刈りができます。この山のなかでも三反以上を耕していることが農業従事者の条件です。じぶんの土地をもたないわたしが、農業従事者になろうとするのは、たいへんな道のりでした。それでも農業従事者になりたかったのは、じぶんの農地をもちたかったからです。農地は農業従事者じゃないと買えないからなのです。

材料とつくり方

・酒（ジンまたはウオッカ）…500㎖（37%のアルコール）
・クローブ（ホール）…100g
・白ごま油（100℃に熱したもの）…100㎖

①酒とクローブを合わせて3日間置きます。
②①に、100℃に熱してから冷ましたごま油を入れてできあがりです。腕、足などにすり込んで、虫よけにします。

第5章 ちいさく想う

ちいさく想う
ことばが
わたしをつくる

あたまでっかちな
ことばじゃなくて

目と耳と鼻とべろと
肌で感じたことば
土ってそういう
ひとの野生の
思想をよびさます

ちいさくらす

ちいさくくらしたい。そう、おもっていても家族はおおきなほうがいい。

セツローさんがやってきて、子どもがかえってきて、弟子たちがきて何十年とくらすうちにくらしはじょじょに、だんだんと、おおきくなってきました。

そうなったら、ときどき、旅をすることにします。マダガスカル島にバオバブの木をみにでかける、インドのバラナシにガンジス河をみにでかける、北京へニューヨークへ。

旅すると、ちいさくくらせます。昔はリュックひとつで、いまはスーツケースひとつで、ちいさくくらすことができます。旅することで、ちいさくくらす原点に気づきます。

いまのくらしのなかでも、ひつようなものはすこしだけです。

ちいさなおうち。ちいさな畑。ちいさな果樹園。ちいさなしごと。ちいさな台所。

ちいさなことが、ものさしになっています。それは高度経済成長期やバブルを経験したわたしたちが、いまの時代にできるおくりものです。もうこれ以上の右肩上がりの発展じゃなくても、持続可能な、ちいさくてもやっていける経済をつくりたいのです。

ぐるりをみつめる

まいにちのくらしを、うつくしくしよう。

そんなときぐるりをみつめます。フェイジョアの花や、銀のたまのようにかがやくとうがんの赤ちゃんやブルーベリーをついばむキジの親子をみると、うつくしいなあと感じます。

ぐるりをみつめると、自然のうつくしさに気づかされます。樹々に咲く花も畑に咲く花も、野生の花も、まいにち感動するうつくしさは自然がつくるのだとおしえられます。

だから、ときどきぐるりをみつめて、うつくしいなあと感じるこころがたいせつです。

なにかをうつくしいと感じるひとのこころは、とても高いところにあるものです。きっと、うつくしいを感じることと、平和を祈ることは、おなじ泉から湧きでているものです。

うつくしいくらしをすることも、平和を祈ることも、とても高いところにある思想です。

いつか社会ぜんたいが、うつくしいくらしへと、かわるときがやってくるとおもうのです。

うつくしいくらしは、平和を祈るくらし。平和を祈ることは、うつくしいくらし。平和ないちにち、いちにちをわたしは、いとおしむようにくらし生きるのです。

感覚をやしなう

うつくしいものを感じる感覚というものが、どうやしなわれるのでしょう。

ちいさなころからの、ちいさなつみかさねが、うつくしいという感覚をつくるのです。教育というほどのことではなく、親たち、祖母たちのたちいふるまい、所作のひとつひとつが、つぎの世代の子どもたちに、染みいるようにつたわるのです。

声なき声をきくこと、みえないものをみること、ふれられないものにふれるように、日々の感覚をとぎすませていかなければならないのです。

好きなひとに会いにでかけたり、たましいをゆさぶられる音楽や本や映画に出会うことでみがかれることもあります。またじぶんの意識のなかで、どうこころをとぎすますかで、弱いひとの声や困っているひとのこころがきこえてくることもあるのです。

うつくしいものとは正反対にあるものが戦争なのです。戦争はうつくしくない。戦争は弱い立場のひとをさらに弱くするものです。あってはならないことが、戦争なのです。だからこそ、うつくしいものを感じるこころがたいせつになってくるのです。

わたしをなくす

わたしをなくすとは、じぶんがなくなることです（国家権力にたいすることでなく）。じぶんの存在をなくしているような気がするくらいに、とどめておくことです。

若いころ、わたしわたしと主張する作品をつくっていました。じぶんの主張が強ければ、それが表現だとおもっていたのでした。たしかに表現することは、自己主張だとおもうけれど、相手によりそったときに素のじぶんがでてくるようにおもえます。

相手によりそったときに、無我の境地におちいりました。じぶんがじぶんがとまえへでていくことだけではなく、わたしを引き算するのだと、わかりました。

さいしょは家族のあいだで子育てしているとき、セツローさんのお世話をしているとき、じぶんがいちばんには、できないときがありました。こういうときに、じぶんをなくすことが、ふとできるようになったのです。

いまでは、ものつくりするときにも、こういうときがあります。わたしをなくすことは、すぐにできることではないけれど、いつもじぶんにいいきかせていることなのです。

わたしの土着

じぶんが一本の木だとしたら、どこに根っこをおろすのかが、わたしの土着です。

土着とは、その土地に長く住むこと、または土地に根づくことです。幼いころから土着へのあこがれがありました。文明と土着とは、いつもぶつかりあっているのです。

じぶんのもっているものをじぶんでよくみつめていることがだいじで、じぶんの根っこをどこにはっているかを考えています。もしわたしがなにかするとき、悩んだら、縄文人だったらどうするんだろうっておもうことにしています。

未開と文明のあいだにあるもの。どっちかというと未開なひとの土着にあこがれます。土着の女のひとのありよう。女のひとがねんどで壺をつくり、男のひとがそれを焼く。そんなプリミティブな未開なひとの土着に根っこをはりたい。

それはいまの文明の発展のなかで、原子力や自動車やら、便利なものが、ほんとうに人間にとってひつようなものなのかという疑問をいだいているからです。もっと人間の役にたつものが土着や未開のなかにたくさんあったのに見失ったのではないかとおもうからです。

ぐるぐるまわす

もともとお金がない時代はおくりもの経済が主流でした。

物々交換よりまえは、おくりもの経済だったのです。もののあるひとがないひとへおくりものをする。あるひとから、ないひとへ、ものがぐるぐるまわっていました。

おくりもの経済そのものは、いまも谷相の村でおこなわれています。野菜がいっぱい採れたらみんなにおくりものをします。ないひとはあるときに返します。ものではなく労働で返したり、もらうばかりではなくなにかしらのお返しをします。

こうして、じぶんの畑にたべものがなくてもいいように、たべるものがないひとがいないように、たべものが村ぜんたいをぐるぐるまわっているのはうれしいものです。

反対にすべてがお金に換算されると、気もちが貧しくなり、かなしくなります。

おくりもの経済へもどることができたら、いいのです。いちぶでも、そうすれば、いまよりゆっくりとくらすことができます。おくりもの経済をするには、畑で野菜をつくるとか、ものつくりをするとか、じぶんの手でなにか、つくるひとになるひつようがありますが。

くるくるはたらく

谷相のおじいさんおばあさんたちは八十歳でも現役です。田んぼを耕し、野菜を育て、ひるねをして、草刈りをし、薪をとりに山へでかけ、くるくるはたらく。こうして土さえあれば、なんとかなるくらしを体現してみせてくれています。

もったいない、もったいないと、いろいろなものをくふうして繕い、つくり直してしまうのです。それはいまのひとたちの栽培された思考にくらべ、未開なひとの繕いものの野生の思考そのものです。それればかりか、カマなどの道具を研ぎ、くわの柄が折れたら直し、崩れた石垣を積み直したり、あぜ道を土木工事したりと、なんでもひとりでやってしまうのです。百のしごとをひとりでやってしまう、だからお百姓さんというのだそうです。

わたしもお百姓さんになりたいとおもうのです。たねをまき、苗を育て、畑を耕し、梅しごとをしたり、ジャムや、衣服をつくりながら、くるくるはたらくひとになりたい。くるくるはたらくひとは、からだもこころも健康でにこやかです。うごくことで、さらに元気になるのでしょう。からだは、くるくるうごかさないと、さびついてしまいます。

共に生きるたね

わたしたちが店で買うたねは、固定種かＦ１種のどちらかです。
Ｆ１のたねは、かけあわせてつくられた一代交配種です。たねを買うときに袋をみるとたねの由来が書いてあります。

このふたつのたねのちがいは、野菜を育て、味をたべくらべてみるとわかります。わたしがおもうに、固定種のほうが、野菜ほんらいの風味があっておいしいのです。固定種のたねのたのしみは、その味わいだけではなく、自家採取ができるということです。

その土地で何年か栽培しつづけていくと、その土地の気候風土を記憶して、よりおいしく、たくましい個性的な野菜になってゆくのです。もともとＦ１のたねは、大規模農家のためにつくられました。いっぽう絶滅してしまいそうな在来種や固定種のたねは、いま、ちいさな家庭菜園や、小規模な畑でつくってくれるだれかをひつようとしています。

たねはつくりつづけ、たねを継ぐひとがいないと絶えてなくなってしまうのです。ひともたねもまた共に生きる、ともいきがたいせつです。

『タネが危ない』野口勲著（日本経済新聞出版社）

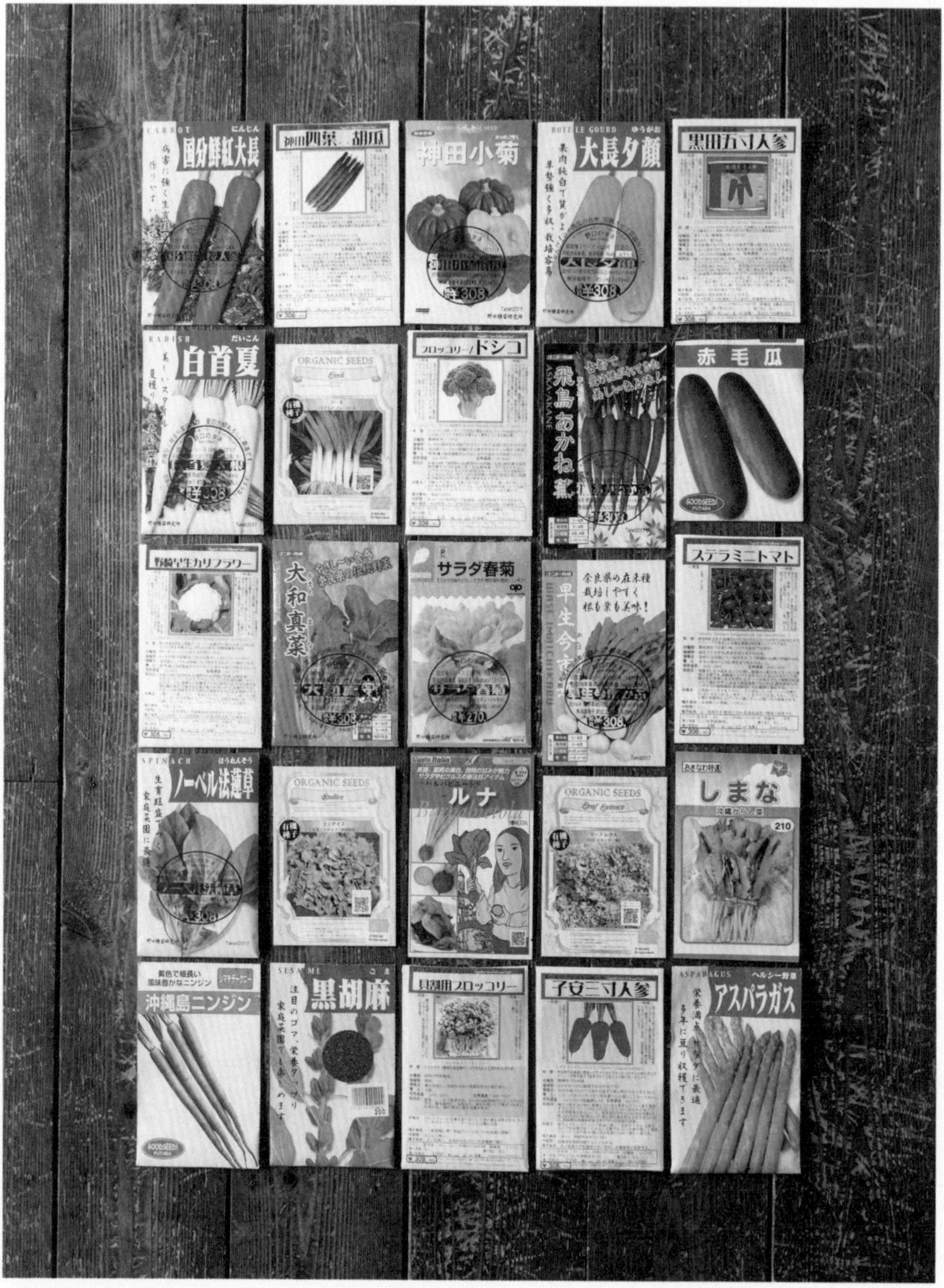

野口種苗研究所の在来種・固定種の野菜のたね。

たね壺のなかには自家採取したたねを保存。

生きるようにくらす

わたしたちは、ほんとうは自然を生きる、生きものとしての一員なのです。だから生きものとして、自然とともに土とともにくらすひつようがあります。それなのに、いつのまにか生きものとしての人間ではない、生き方をしてしまっているのです。生きものとしての人間の野生を失い、便利で、快適なくらしの文明の恩恵をうけているからです。野生と文明はいつも対極にあります。すべて野生にもどるのではなく、すこしだけ野生的なくらしにするのはどうでしょう。

生きものとしての人間のあり方を生きるようにくらすのです。ゴミはなるべくださないように、もしでたら土に還したい。野菜のへたは土に還す生活をする。土に還るものと生きることを選ぶくらし。くらしをつくるときには、そういう考え方を根っこにおいています。

ひとつひとつのちいさなことを生きるようにくらし、くらすように生きる。からだのなかには自然なものだけとりいれるようにしたいのです。オーガニックな生き方が、あたりまえになる時代がやってくるように、まず自然を生きるようにくらすことをしましょう。

くらしの自給自足

畑にいるとじぶんをとりもどし、解放された気もちになります。男社会のこの文明から遠くにいて、抑圧されとりのこされている畑。けれどもいのちの生まれるところ。だから、なくてはならないものなのです。まるで女のひとのからだみたいに。畑で自給自足をすると、もう不安がなくなります。たべものがいつも畑にあるから安心。くらしの根っこにちいさな自給自足があるとゆったり、ニコニコとごきげんにくらすことができます。そうすると家庭が生産する場にかわるのです。おおくのひとは、家庭は消費する場だとおしえられてきました。反対に工場が生産の場だとおしえられてきました。

大量につくられたものを家庭が消費する、それがゆたかな社会をつくる。こういうのが経済学です。でもこういう経済論でゆたかな社会が実現できたのでしょうか?

ほんとうは、家庭はいのちの生まれるところでもあるのです。いのちを育て、ゆたかな社会をつくるために人間中心の、家庭を生産の場にする実践が、もうひとつの社会では、すでに、ちいさくはじまっていると信じています。

自然な畑は、耕さなくて草といっしょ

草と生きる畑へ。
草の根が土を耕し、
土がふかふかになる畑へ。

自然にまかせる天然な畑では、
野菜はほんとうの味をとりもどし、
土がＣＯ２や水を蓄え、地球の環境にも良い。

35年まえスコップひとつではじめたちいさな畑

愛知県常滑では１００坪の畑を10年つくり、１９９８年、25年前に高知の山へと移住しました。さいしょは家族がたべるための2畝のラブミー畑だけでした。その後スーダラ畑、ブータン畑、ガンジー畑、カディ畑、ティック・ナット・ハン畑とふえて、いまでは2反の畑とちいさな果樹園5段。２反5畝の田んぼ。

ちいさな農業従事者として、じぶんの農地を手にすることができました。わたしの家族と弟子たちのごはん、ちいさな自給自足のための農園ができあがりました。ここまで来るまでは試行錯誤のくりかえしでした。

そしていまコロナ危機がやってきて、これからの時代になにをつくるべきか、コロナ禍をへて、もう以前とおなじ社会にもどることはできない。生きのびていくためには、ほんとうにだいじなものをつくらなくては。まずひつようなのはたべものだと確信しました。いのちと経済をひとつながりと考えるならば、田んぼや畑と地球環境は切り離して考えることができません。

わたしが耕し、わたしが育てている畑。わたしの感覚で、天然農と名づけ、お米や野菜や果樹をつくっていました。

わたしの土だし、わたしの畑だと思っていた。わたしがぜんぶやっている。わたし中心主義的な畑でした。

わたし中心主義の畑では、種をまけばまくほど、耕せば耕すほど、野菜がちっともできなくなってしまったのです。

現実社会でも、人間中心主義の原発が事故をおこし、自然環境を破壊していました。おなじことが、わたしの畑でも規模をちいさくして、おこっているように思えたのです。

これは、わたしのちくちくしごと、ものつくりにもいえます。わたしがつくっていると信じているけれど、わたしのからだが、わたしの手がおおきな宇宙の気を感じてつくっているにすぎないのではないかと気づきました。

コロナ前にあたりまえだったことが、幻想のようにくずれてゆきました。コロナ危機のなかで、じぶんが表現するばかりではなく、みんながつくる喜びをわかちあえたら、もっとつくるゆたかさを共有できると考えはじめたのです。いのちを削る経済じゃなく、ひととつながるために、社会や経済はいのちとひとつであるべきです。

いま3・11とコロナの時代をへて、やっとわたしは、人間主義から自然主義へと、この文明の時代の大きな転換期にあることを意識しはじめました。

コロナ危機と対峙するなかで、わたしたち人間は生きものとしてどう生きてゆけば良いのだろうか。新型コロナウイルスの出現で、生きもの、人間はちっぽけな存在だということがわかりました。自然のなかで畑の種まきを通しても感じてきたからです。

このようにコロナ禍、わたし主義が大きくゆらぐようなことがおきたので、コロナ危機をとおして、わたしを表現することの意味が問われました。なにをつくるのが、生きるためにひつようか。まずたべもの、つぎにひつようなのが、芸術、アート。芸術はひとびとに感動と生きるちからをもたらします。芸術のない生活では、こころに元気がなくなります。

畑では、まだまだ失敗つづきでした。すっかり畑に自信をなくしてしまいました。育てられるのは、じゃがいも、さつまいもや里芋ばかり。固いかたまりをふたつの手でもんで、土をつぶしてからでないと、ウネさえもできなくて、種まきもできません。

耕運機で耕せば耕すほど、なんだか余分なしごとのように思えてきました。耕さない方法でためすと、ちいさな野菜しかできないと、いちどはあきらめもしました。

でも、めげずに、さらにもういちど試みてみることにしました。それは愛媛の福岡自然農園を取材でたずねたことがきっかけでした。40年まえに読んだ福岡正信さんの『わら一本の革命』（春秋社刊）をもういちど読み直してみたのです。あるじ亡きあとの、果樹がつくる大きな森をみたことが衝撃になりました。

また川口由一さんの赤目自然農塾の畑や田んぼの実践をしてきた弟子のさおりちゃんがきたことが、自然な畑へとかわるきっかけになりました。

わたしがわたしがをやめて、若い弟子たちの意見をききいれ、ちょっとまかせてみることにしたのです。

畑が大好きなさおりちゃんの体験をもとに、耕すのをやめてみたのです。さおりちゃんがわたしの手になり、足になり、畑になり。気づくと、この5年、すこしずつ野菜の実りが良くなりました。おまけに土がふかふかになり、もういまではすっかり耕さなくなりました。いままで表土の黒い栄養のあるふかふかの土が、耕すことでひっくりかえり、下になってしまい、田んぼの粘土質の土が表面に出てきてしまっていたからです。

もうひとりの弟子のまりぽんが、しいたけの廃菌床をすすめてくれました。ちかくの菌床しいたけの工場にさっそく電話してもらいにゆきました。軽トラいっぱいで、たったの200円です。

廃菌床を畑のわきにおいたり、育てている苗の横においておくだけで、椎茸の菌で土がふかふかになります。まえは固くて指がすーっと入らない畑も、すっかりやわらかくなりました。そうして、種も発芽しやすくなり、つくる野菜もふかふかなので、自由に根っこをのばせるようになったのです。

いままで、草に追っかけられるように草とりして、雑草を嫌い、刈り取って燃やしたり、堆肥ボックスにつっこんだりしていました。もう多少の草はだいじょうぶです。堆肥ボックスで発酵させるのではなく、そのまま草を刈り、野菜の根元やウネのあいだにおきます。なるべく土をむきだしにしないのです。

敵みたいに嫌っていた草、まるで草とたたかうような気もちだったのが、草が愛おしく大好きになり、仲良しになりました。草をやさしく苗の根元にかけるようになりました。さらに島の自然農園の山岡さん※1の畑のようすから学び、そこから、いまではまったく耕さなくなりました。

※1　Youtube『島の自然農園』愛媛県興居島で自然農をされる山岡さんの畑のようすがみられます。

耕さなくなった秋の畑のようす

11月のはじめにしょうがを収穫すると、しょうがの葉っぱをまずウネに敷きつめます。それからそのしょうがの葉っぱのあいだに玉ねぎの苗を植えます。玉ねぎを収穫するまえ、4月にこんどは、種しょうがをウネとウネの底に植えておきます。玉ねぎを収穫したら、ウネの土をこんどはしょうがにかけ、しょうがのウネをつくります。これがちょうど土寄せのかわりになります。

耕さないことで、機械をつかう重労働がなくなりました。耕運機が壊れて修理するところだったので、ちょうどのタイミングでした。愛用の道具はのこぎり鎌と、くわとスコップだけでシンプルになりました。

肥料は、まったく入れないこともありますが、ヌカ、鶏糞や、油かすを入れることもあります。

ボカシ※2もつくります。ぬかと油かすと土を1：1：1で、まぜます。お水をまいて、おにぎりができる固さにして、冬だったら湯たんぽを置いて発酵をうながします。お米を収穫すると、冬にはもみがらくんたん（燻炭）をつくります。また土佐ジローという地鶏を飼っているので、フンもすこしまぜます。落ち葉とぬかと油かすでも落ち葉のボカシをつくります。

いままで畑だったところよりも、果樹園として柑橘の苗木を植えているカディと名づけた畑がとても良い感じです。果樹の苗木のあいだにじゃがいもや、ねぎや大根や里芋を植えてみました。ねぎやなすは、にわとり小屋への通路わきにも植えました。畑よりも、通路わきに植えたほうが好調でした。畑としてつかっているところより、だんぜん元気に育ち収穫もできました。

※2　ボカシとは、有機肥料を直接土にいれるのではなく、微生物により分解、発酵させることで、急速な分解や肥料のききめをぼかすことからボカシという。

お米つくりは自給生活の根っこ

田んぼは、いつか、やってみたいと思っていました。畑や果樹園や、日本みつばちを飼っているというと、みなさんは、工房ぜんたいで、テッペイさんもやっているのだと思いがちです。でもテッペイさんは、陶芸ひとすじで田んぼや畑はわたしひとりが弟子たちとやっています。さすがに、田んぼはわたしひとりでは、できるかどうか自信がなかったのです。ちょうど弟子が3人いました。それで2019年に、工房のまえの「だんご」と名づけた田んぼをはじめる決心をしました。英男さんが、できなくなって、やらないかともちかけられたのです。

当初、テッペイは「レンコンの畑にしたらどうか」とか「みかん畑にしたらどうか」と提案しました。けれども、となりの田んぼをやっていたとし子さんが「田んぼは、田んぼでだいじにしないといかん。どういう時代になるかわからんから」といってくれました。そうして、村のみなさんが手伝ってくださるなか、3年後、とし子さんが母屋の下の田んぼ2枚を「やってみなさい」と貸してくださることに。この2枚の田は「しら」と「たま」と名づけられました。うれしかったです。やれるかどうか自信なかったけれど、弟子たちとやってみようと決心しました。

そのころ知り合ったきっついサンが田植えから稲刈りまでを手伝ってくれました。とても陽気なおじいさんで、運送会社のしごとをやめた定年後に、8反もの田んぼをきりもりしていました。ところが、この3枚の田「しらたまだんご」をはじめるまえに体のぐあいが悪くなりました。たくさんの田んぼで働き、むりをなさったのかもしれません。

ちょうど犬のうねの子どものこうねちゃんが、子犬でうちにやってきたところでした。こうねの朝のおしっこ散歩で、田んぼの水を見にいくのが楽しみになりました。そのまえに朝ヨガをします。先生はYoutubeのジャパニーズヨガの夏未さんです。

太陽礼拝ともうひとつをやってから田んぼの水を見にいって、水の高さを見ます。ことしは4月、5月の雨が少なかったので、水をとる量の調節がたいへんでした。わたしの田んぼがいちばん高いところにあって、下の方にはじゅんぐりに水がまわるようになっています。田んぼに水が入ると、他の田んぼに水がまわるように、黒いパイプ（黒パイ）を小川にもどします。

水がないときは黒パイをかかえて、小川にじゃぶじゃぶとはいっていって、少ししかないお水を黒パイに受けて、引いてくるために、あれこれと工夫します。田んぼって、このお水をひく技のようなことが、それぞれの村人の知恵によって工夫されています。

この水をひく知恵がだいじなのです。散歩のときにも、この田んぼはどうやって水をひいているのだろうかと、つい見入ってしまいます。

田植えは、6月5日とだいたい決めています。おととしまでの手押しの田植え機じゃなくて、ひろしさんがくれた乗用の田植え機をつかって、ことしは植えました。角っこをまわるときに、車ごところぶと危ないからといって、ほとんど、ひろしさんが植えてくださいました。

来年は練習して弟子たちといっしょに植えてみたいです。田植えをしてからの2週間は除草です。中野式除草機というのを3つ、中野さんにつくってもらいました。田植えしたら早いうちから、ちいさな草をとります。でも、すぐに生えてきます。とうとう7月、手遅れになって、コナギを手でとることになってしまいました。テッペイの弟子たち5人にも手伝ってもらいました。

初期除草に成功すれば、あとは楽なんだそうです。来年は6月に展覧会をいれずに、初期除草を成功させたいです。8月になると、穂がでます。炎天下の草とりが大変でしたが、もう8月には稲の勢いが強まって大きくなりコナギがちいさくなっていました。

7月の土用干し、10月の収穫まえには、しばらく田んぼの水を抜きます。すでに抜いているとおもいこんでいたら、ちょろちょろと水が入っていました。田んぼがぬかるんで稲刈りのときにハーベスターという機械が入らないので、ぬかるんだところを手刈りしました。

秋の収穫の日には、テッペイの弟子たちと谷相のひろしさん。憲秋さん、晴夫さんが手伝いにやってきてくださいました。村人には「肥料も農薬もつかわんで、なんでこんなに収穫できる?」とびっくりされました。そんなにいっぱいできるとは、わたしもおどろきです。

シラ、タマ、ダンゴという田んぼ3つ、2反半くらいで、なんと30キロ入り17袋も収穫がありました。

無農薬、無化学肥料のお米がうちにあるというのは、しあわせです。いままで薪貯金とか、カボチャ貯金とか、さつまいも貯金とかいくつかの安心がありましたが、これまでにない大きな安心でした。なんといっても主食のお米だからです。

お米は6月から10月まで、みじかい期間でできる大きな収穫です。共同のしごとが多いので、わたしひとりではできないってことがだいじな経験でした。ちくちくしごとのような、ものつくりだと、わたしひとり、個人のしごとですが、みんなとちからをあわせてお米をつくるしごとはとても新鮮でした。

家族のようなコミュニティをつくるという、これからの生き方に、お米つくりはとてもつながるものがありました。しかもこの年になって、わたしのなかに主食を無農薬でつくる知恵がやってくることに、からだじゅうで感動しました。

素足になって、田んぼに入るこの感触。忘れられない記憶。土を足のうらぜんたいで感じ、足の指が土をつかまえるふしぎな感触。からだぜんたい、足が地球の土にアースしている感覚が、なんともいえぬ体感。

そして田んぼにいると、稲の目線になっていろんなことが見えてきます。虫たち、カエルたち、稲玉さまという土着菌たち。鳥たち、トンビもシラサギもやってきます。米がわたしたちの五穀豊穣のおもとであると、忘れられていないでしょうか。お金で買えることとは、ずいぶんちがいます。

村の神社のお祭りは、種もみを水におろすところからはじまります。秋の収穫祭まで祈りや願いでお米によりそいつづけます。稲妻は稲穂に気をおくるんだそう。水があるかどうか、台風、収穫までの田んぼの心配をすることで、村人とおなじ気もちになって、はじめて土着することが、からだでわかったのです。

衣服もつくると、気もちがいいけれど、田んぼでの体感は、からだまるごと土と稲から得られるのです。ちょっと気もちが沈んだときにも、田んぼに入ると爽快になるのはなぜでしょう。土には、人間の根っこのちからになるものが、あるのでしょうか。土のなかで素足になり、土のうえに立つだけで、あたたかな心地いいものが、足のうらから伝わってきます。土のちからが、からだのひふ感覚を通して伝わってくるのです。

空気の気から丹田に生命エネルギーを集めることを丹田呼吸法で学んできました。太陽や風や小雨、稲妻にも、自然のちから気のおくりものがあふれています。それら自然の気でからだは元気になるのです。古来からお米つくりは、自然とつながり、健康になるための秘術だったのかもしれません。

コロナ禍、ひととひとの分断が深まり、深刻になってきているなかで、いまこそだいじなのは、村びとと共有できる田んぼのしごと。こういう共同体のみんなとつながるしごとが、いのちと経済がひとつながりになる感覚として、あらたに生きる方法になるのではないでしょうか。

種採りするとぐるぐるまわる

種はかわいい。ちいさな種さえあれば、土さえあれば、わたしたちは生きのびていけます。食糧難になることがあったら、たべものを備蓄するより確実です。畑に土と種さえあれば、わたしは育てることができる。こんなちから強いことはありません。

種まきすれば芽をだし、種から育てることはうれしい。芽がでるまでは、なんども畑に通います。種をまき、野菜の花まで育てれば、永遠に種を継ぐことができます。すばらしいたべものの循環です。種が野菜となって、わたしがそれを食べる。たべものがわたしのからだをつくります。わたしのからだが、料理をつくるとちゅうで出た野菜のしっぽを堆肥にする。そしてまた堆肥に種まきをする。ヌカやボカシや鶏のフンやもみがらくんたんなど、肥料も自給自足で循環するんです。

このようにわたしたち人間が自然の循環のいちぶになって、循環の輪のなかにはいること。持続可能なくらしとは、田んぼと畑と台所の循環です。

野菜は育てているけれど、その野菜のさいしょから、さいごまでを知るひとはすくない。

種まきして、野菜を育てると、花がさき、実がなります。やがて朽ち果てるように、たくさんの種になります。

乾燥させてから、茎をまとめて叩いたり、ゴザに入れて踏んだりして、種をとりだします。トマトやとうがんやきゅうりなどは、水洗いしてザルにとり、干しておきます。瓶詰めして、だいじに種の棚に入れて保存したり、虫食いになりやすい空豆や大豆や茶豆などは、冷蔵庫で保存したりします。

わたしは、野菜の一生をみつめて種というものの神秘にとりつかれました。この高知の山の土に種まきすると、ここの土地の気候や風土を記憶して、より育ちやすくなります。ごぼうは、あざみのような花を咲かせます。その種を観察すると、すごいかたちをしていることを知り、またおどろきます。いちど種にくっつかれると、寝てからもみえない針のようなとげが皮膚にちくちくする体験をします。

にんじんも花がかわいい。種はちいさなもじゃもじゃがついていて、このとげが空気中の水分をキャッチするんです。だからかならず発芽するけれど、買った種は種まきしやすいようにもじゃもじゃがないので、水まきしないと発芽がむつかしいです。

畑を耕さなくなって、おどろきました。種が落ちたウネは次の季節になると、どんどん発芽し、苗が育つのです。トマトが育ったウネのあとに、トマトの苗がまた育ちます。かなり遅いのだけど、12月くらいまで暖かな年だと収穫し続けます。菜花になるものたちは、春の黄色い畑になり、日本みつばちたちが飛び、蜜を集めて、よろこびます。

このように種に興味をもったのは、日本みつばちのために蜜源をつくろうと思ったからです。種のついた菜花を棚田のいろんな畑に運んだところからです。何年続けても、発芽しないので、なぜだろうとしらべてみると、アブラナ科のF1の種であるということがわかりました。F1の種だから発芽しなかったのです。

こうして種の固定種や在来種という、昔から日本各地でつくられてきた野菜の種があることも知りました。埼玉の飯能市にある野口種苗店の野口勲さんのお話をききにいきました。在来種や固定種の種は作り続けないと次の時代に残せません。ちいさな畑や家庭菜園にはぴったりです。だからこそ自家採取してつくりましょう。

でもときどき種の交換がひつよう。自家採取ばかりしていると、おなじ種族の種ばかりになるので、あたらしい種と交換すると野菜が良くなります。いまでも山岳少数民族の多いラオスの市場にいくと、野菜といっしょに自家採取した種を売っています。もともとは物々交換だったそうです。だから自家採取した種は、仲間と種の交換をするひつようがあります。

新型コロナウイルスの蔓延は、なんだか夢みたいに奇妙なできごとでした。マスクとワクチンとマスコミ。コロナ前のくらしにもどれるかというと、わたしはもとにはもどれなくなっています。目を覚ましてしまったひとは、あたりまえだったいままでの社会、通常のくらしにはもどれないはずです。

テレビや新聞が伝える、つくられてきた幻想の社会や幻想の国家は消えてしまいました。幻想の世界を保ち続けることがむつかしくなりました。だからコロナのあいだ、わたしは目のまえにある畑や田んぼや種採りに熱中し、次の生き方を探してきました。いまいちばんリアルでたしかなものは、わたしの目の前にある、田んぼや畑や、ちくちくものつくりの世界です。

そして社会ぜんたい、ほんとうに生活にひつよう不可欠なしごとが見直されつつあります。エッセンシャルワークというものです。たとえば農業、医療、ケア、アート、ちいさな小売り店など。世界の99パーセントはわたしたち民なるものたちです。わたしたちの自由や解放は、99パーセントのくらしの変革がにぎっているのです。

これからは、国や政府の権力とつながる大きな金融資本主義やグローバリズムの支配に依存することなく、これらをひっくりかえし、大きな力にたよらずに生きることです。ちいさな種から、わたしたちのほんとうの経済をとりもどし、社会をつくり直しましょう。

つちに還る

いまわたしは生きている
わたしには、目がある
わたしには、口がある
わたしには、鼻がある
わたしには、手がある
わたしには、足がある

わたしは、ちくちく手でつくることができる
わたしは、畑で菜っぱをつくることができる
わたしは、薪で火を焚くことができる
わたしは、くらしをつくることができる
だから、いま、生きている

生きていることは、くらすこと
くらすことは、つくること

やがてすべては、つちに還る
わたしも、つちに還るもの
わたしの家族も、つちに還る
わたしの家も、つちに還る
わたしの道具も、つちに還る
わたしの衣服も、つちに還る
だから、つちに還るからだじゅうで、うつくしいくらしを
つちに還るからだじゅうで、平和なくらしをつくること
うつくしいくらしをつくることが、平和を祈ること

あとがき みらいは、わたしのくらしがかえる

自然食へのあこがれがありました。80年代西荻窪にあった「たべものや」にあこがれの自然食をたべにいきました。70年代の高度経済成長、公害やたべものの汚染が深刻になり、だれもが自然へ回帰する強い気もちを抱いていました。そんな時代に『自然食通信』は80年から90年代に刊行されていました。なかでも「手づくりのすすめ」[※1]という連載が好きで楽しみに読んでいました。

しごとは、いつもむこうから、やってくるのです。

あるとき、編集長の横山さんから電話をもらい、知多半島の「とりのさと通信」[※2]のわたしの記事を読み、取材をおねがいしたいというのでした。わたしはうれしくて、とびあがりました。1歳の象平を育てていて、おっぱいと畑の日々。社会とのつながりはまったくない。さっそくびわこという和紡績の布をつくる方の取材にでかけました。手書き文字と絵を描きたいというと、のどには気をつけてと。はじめての本の用語〝のど〟、「のどってなんですか」と質問すると横山さんが優しい声で説明してくださった。いまではたくさん本をつくっ

ていますが、当時なにも知らないわたしは、出版にかかわるひとつひとつを横山さんに学んできました。はじまりはこの自然食通信社だったのです。このたび『ちいさなくらしのたねレシピ』改訂新版を自然食通信社から出版できることになり、コロナ禍のいまの田んぼや畑、種採りの話をみなさんに伝えられて、うれしいです。

いまこのくらしが、未来をつくる。

資本主義の社会では、お金がなくなると不安になるけれど、じぶんでたべものをつくることができると、未来は、つくることができます。種まきをするようになってから、じぶんの未来を今日より良くなると信じることができるようになりました。未来のくらしもからだも、いまのじぶんの手の種まきがつくると思うと、たよるべきは、お金より自然です。

わたしたちは、いま大きな金融資本主義の社会にまきこまれて生きています。なぜだか、お金お金と追っかけられてきました。けれども、この資本主義の経済ってみんなをしあわせにしたのでしょうか。原子力発電所の爆発までひきおこした3・11東日本大震災をへて、気づきをもったひとは、このコロナ禍の真実へも目をみひらいています。経済のために人間が死んでもいいってことはありません。経済って、ほんとうはわたしたちをしあわせにするためのものです。資本主義後のこれから、コロナ後の経済のあたらしいかたちに想いをめぐらせましょう。

いままで各国の国や政府は、ローカルな村コミュニティを壊してきました。コロナ危機のように、人と人のあいだを分断するような、競争や戦争や経済不況をしかける大きな権力。

でも民なるわたしたちは、じつは99パーセントもいるのです。みなが尊重しあい助けあって、共に生きることができれば。どんな社会や経済がみなをしあわせにするのか、つながりあって、コミュニティーをつくり、智慧や想いを伝えましょう。

農業でできた野菜やお米、太陽と土でつくられたものは、商品じゃなく、生きるためのたべものです。だから資本主義とはそぐわない別なものです。お米は市場の資本主義社会にとりこまれるとぜんぜんお金にならないのです。せっかくつくっても、稼ぎにならないから、村のお年寄りは農業をやめてしまうのです。

お金中心の資本主義にかわる、農本主義というのが「農は国のきほん」と第二次世界大戦前の日本にはあったのですが、いまの国や政治は農業を国のきほんにしているでしょうか。これからは国にたよらずちいさな自給自足がいいなあと思います。いずれ生きるために、社会ぜんたいがちいさな自然農にむかうことになるでしょう。

もともとちいさな自給自足の田んぼや畑はお金による経済社会とも、経済効率とも無縁だからです。太陽と土と水、種さえあれば、だれにでもできるのが、ちいさな自給自足。そして、山は宝、狩猟採集生活もだいじになってきます。

その土と太陽と水の自然のなかで、土にうずもれ、草にまみれて、畑しごとや田んぼしごとに熱中していると、我を忘れて、時間も忘れてしまいます。じぶんという人間すらも忘れていると、ふいにすばらしい瞑想をしているような状態になる。わたしがもっとも幸せに感じるときです。こういうとき、いろんな直感がやってきて、自然がおしえてくれることがいっぱいあります。

ちいさな農もおおきな農も、畑や田んぼは人間の意思だけではなく、太陽や気候によるところが大きい。だから自然しだいで、いっぱい採れるときも、ぜんぜん採れないときもあります。こういう効率的じゃないところも、自然から学ぶところが大きいです。わたしたち人間は自然のいちぶだという気持ちが、おのずから生まれ、アジア的な森羅万象に祈り、自然にたよらざるをえないのです。やっぱりたよるべきものは、お金ではなく自然。

だれしもが種まきし、ちいさな畑や田んぼで、自然をうけいれて、生きていく。また、わたしを自由に解放するような芸術活動もひつようです。こういうしごともまた、資本をもとにお金をふやしていくような価値観のもとには、育まれません。

そんな音楽や映像やアート、芸術さえあれば、未来の資本主義後の世界は、もう国にたよらず、土着のアナキズム、種まき主義で生きてゆきましょう。村の農とつながるコミュニティ感覚で、みなさんのポケットに種を。

立春の日に。

※1本『手づくりのすすめ』は、いまでは、わたしのバイブルになっていてぼろぼろです。自然食通信社から35刷にもなって読み継がれているロングセラーです。

※2「とりのさと通信」有機農家とりのさとで発信するミニコミ誌

※3『100の洗い方と自家製石けん』自然食通信社刊　手描き文字と絵で綴っています。わたしのさいしょのしごと。「びわこ」という和紡績のふきんはせっけんいらず。台所で愛用しています。うるしのお椀を洗うときにも。

早川ユミ（はやかわ　ゆみ）

布作家。アジアの山岳少数民族みたいな感覚で服つくり。ちくちく、畑、ごはん、ときどき旅。高知の山のてっぺんに暮らし、ちいさな果樹園と畑を耕す。日本みつばちを飼い、はちみつの自給自足。著書に『くらしがしごと　土着のフォークロア』（扶桑社）、『種まきノート』『種まきびとのものつくり』『種まきびとの台所』『旅する種まきびと』『野生のおくりもの』『早川ユミのちくちく服つくり』（すべてアノニマ・スタジオ）、『種まきびとのちくちくしごと』（農文協）、『みらいのからだのーと』（自然食通信社）、『畑ごはん』（文化出版局）など。

ホームページ、ブログ　http://une-une.com
Twitter　@yumi_hayakawa
Instagram　@yumi_hayakawa
Facebook　@yumi_hayakawa24
YouTube　種まきびとチャンネル

絵・まりぼん

福島県喜多方市生まれ。２０１４年より沖縄にてくらし、畑のひとびとに出会い、沖縄のものの見方感じ方に感銘をうける。その後２０１８年より高知の早川ユミに弟子入りし、畑たべものつくり、「ちいさな自給自足」、生きるためのものつくりを学ぶ。２０２１年雑誌「天然生活」早川ユミの連載「くらしがしごとしごとがくらし」にて絵を描く。同連載をまとめた本『くらしがしごと土着のフォークロア』（扶桑社）にて絵を描く。２０２２年東京、高円寺にて個展「女は雑草」。
２０２４年より早川ユミ＋まりぼん「絵のあるくらしツアー」で展覧会にまわる予定です。（スケジュールは早川ユミHPまたはSNSよりご覧ください）
現在、高知の山の中で子育てしながら絵を描くまいにち。

Instagram @maribbon82 E-mail maribbon8@gmail.com

Special Thanks　鈴木絵里（株式会社アルタイル）

撮影　河上展儀

絵　まりぽん

協力　鶴岡さおり、園田雪乃、村上千世（うずまき舎）、

デザイン　橘川幹子

※本書は、ジャパンローヤルゼリー会報誌『凜』（アルタイル発行）の連載「早川ユミの暮らしのちえ」２０１２年12月号〜２０１７年３月号をもとに大幅に加筆修正したものです。

〈改訂新版〉ちいさなくらしの たねレシピ

２０２３年３月３日　第１版第１刷発行

著　者　早川ユミ

発行者　横山豊子

発行所　有限会社自然食通信社

〒１１３-００３３　東京都文京区本郷２-12-９-２０２

電話　０３-３８１６-３８５７

FAX　０３-３８１６-３８７９

http://www.amarans.net

郵便振替　００１５０-３-７８０２６

印　刷　吉原印刷株式会社

製本所　株式会社積信堂

ISBN978-4-916110-76-3

本書は二〇一七年四月、ＰＨＰ研究所から刊行された
初版に加筆、改訂新版としたものです。

自然食通信社の本